Alexander Goldwein

DIE GESETZE VON ERFOLG & GLÜCK

Ihr Weg zu finanzieller
Freiheit & Zufriedenheit

M&E Books Verlag

DIE GESETZE VON ERFOLG UND GLÜCK
Ihr Weg zu finanzieller Freiheit & Zufriedenheit
© 2017 -2023 by M&E Books Verlag

M&E Books Verlag GmbH
Mittelstr. 11 - 13
40789 Monheim
Telefon 02173-993 8712
Telefax 02173-898 4993
https://me-books.de
info@me-books.de
Steuer-Nr: 135/5746/0659
USt.-IdNr.: DE310782725
Geschäftsführer: Vu Dinh

Vorwort

Es ist die Frage der Fragen: **Wie wird man als Mensch erfolgreich und glücklich?** In zahlreichen Gesprächen ist mir diese Frage tausendfach gestellt worden. Und ich selbst habe über diese Frage viele Bücher gelesen und mehrere Jahrzehnte nachgedacht. Nachdem ich erkannt hatte, was wirklich entscheidend ist, hat mein Leben eine radikale und glückliche Wendung genommen. Freunde und Bekannte haben gestaunt, wie ich innerhalb weniger Jahre ein Erfolgsimperium aus dem Boden gestampft habe. Immer wieder wurde mir die Frage gestellt, wie ich es geschafft habe, mit Kapitalanlagen in Immobilien self-made Millionär zu werden und darüber hinaus mit meinen Sachbüchern zum Bestsellerautor aufzusteigen.

In diesem Buch möchte ich Antworten geben und meine Erkenntnisse mit Ihnen teilen. Ich werde Ihnen die grundlegenden Gesetze des Erfolges und des Glücks vermitteln. Dabei werde ich Sie auf eine sehr persönliche Reise mitnehmen. Das sollte Sie ermutigen, dass auch Sie es schaffen können. Wenn Sie aufmerksam lesen und sich ernsthaft bemühen, etwas in Ihrem Leben zum Guten zu wenden, dann dürften Sie von diesem Buch profitieren und gute Chancen haben, erfolgreicher und glücklicher zu werden.

Aber bedenken Sie bitte Folgendes: Es ist nicht allein die Erklärung der grundlegenden Gesetze des Erfolges, die eine Veränderung bewirkt. Genauso wichtig in ist ein offener Geist, der bereit ist, die Erklärungen aufzunehmen **und** diese dann in die Tat umzusetzen. Das ist eine Hürde, an der viele Menschen scheitern.

Ich wünsche Ihnen viel Spaß beim Lesen!

Ihr Alexander Goldwein

Inhaltsverzeichnis

1. Was ist überhaupt Erfolg?

Häufig verwenden wir den Begriff Erfolg, ohne viel darüber nachzudenken, was wir damit genau meinen. Bei genauerer Betrachtung stellt sich heraus, dass es ein sehr komplexer und vielschichtiger Begriff ist. Menschen gelten als erfolgreich, wenn sie viel Geld verdienen oder wenn sie im Sport Überdurchschnittliches leisten oder wenn sie charismatisch sind und großen Einfluss auf andere Menschen haben wie z.b. Spitzenpolitiker. Es sind zahlreiche weitere Einteilungen denkbar, die Erfolg anhand objektiver Kategorien messen und beurteilen.

Erfolg hat aber auch eine subjektive Komponente. Ein Gefühl von Erfolg kann sich einstellen, wenn jemand seine ganz persönlichen Ziele erreicht hat und mit sich selbst zufrieden ist. Dabei gibt es natürlich auch Überschneidungen mit den objektiven Kategorien des Erfolges. Durch Leistung erworbener Reichtum an Geld z.B. kann persönliche Freiheit und Unabhängigkeit bewirken und hat damit nicht nur eine objektive Dimension (Kontostand, Immobilien etc.), sondern auch eine subjektive Komponente in Form von Freiheitsgefühl und Glücksempfinden.

Dann wiederum gibt es Fälle, in denen Menschen bei objektiver Betrachtung erfolgreich sind, sich aber nicht gut fühlen und unglücklich sind. Denken Sie z.B. an Workoholics, die sich Gewalt antun und Raubbau mit den eigenen Kräften treiben. Sie mögen zwar vermögend und nach objektiven Kriterien erfolgreich sein. Aber gleichwohl sind sie damit letztendlich nicht glücklich. Ich will darauf hinaus, dass Erfolg viele Facetten hat und nach meiner Auffassung immer im Kontext der Gesamtpersönlichkeit gesehen werden muss. Insbesondere ist die Frage zu stellen, welchen Preis ein Mensch für vermeintlichen oder tatsächlichen Erfolg gezahlt hat. Es gibt Menschen, denen Erfolg zum Verhängnis geworden ist und es gibt Menschen, denen der Erfolg Freiheit und Frieden gebracht hat. Wie Sie sehen, hängen die Kategorien Erfolg und Glück miteinander zusammen. Deshalb werde ich beide Themen in diesem Buch ausführlich beleuchten.

Erfolg kann eine Droge sein, die kein Gefühl der Freiheit und keinen persönlichen Frieden mit sich bringt, sondern vielmehr Angst vor dem Verlust des Erfolges und vor den Entzugserscheinungen, wenn er ausbleibt. Ich denke z.B. an Drogenbarone, die unermesslichen Reichtum anhäufen (und damit in dieser Hinsicht als kommerziell erfolgreich eingestuft werden können), aber in ständiger Angst leben, dass sie von Konkurrenten aus dem Weg geräumt werden und einen gewaltsamen Tod sterben.[1] Erfolg kann aber auch eine Befreiung sein. Ein positives Beispiel ist Nelson Mandela, der in seiner Autobiographie „Der lange Weg zur Freiheit" seinen inne-

---

[1] Die ambivalente Gefühlslage von Drogenbaronen wird sehr gut beschrieben in den als authentisch geltenden Romanen des US-amerikanischen Bestsellerautors Don Winslow („Tage der Toten" und „Das Kartell").

ren und äußeren Kampf beschreibt, der am Ende mit der triumphalen Wahl zum Präsidenten von Südafrika und der Abschaffung der Apartheitspolitik gekrönt wurde. Mandela hat einen sehr hohen persönlichen Preis für den Erfolg gezahlt, was detailliert in seiner Autobiographie nachzulesen ist. Aufgrund seines großen persönlichen Formats und seines weisen Umgangs mit der schmerzhaften Vergangenheit hat der gezahlte Preis den Erfolg jedoch nicht beschädigt. Mandela wurde kurze Zeit nach seiner Wahl zum Präsidenten von einem Journalisten gefragt, ob er keinen Rachedurst verspüre und ob er je darüber nachgedacht habe, sich an seinen Peinigern zu rächen, die ihn fast 30 Jahre lang unter erbärmlichen Bedingungen gefangen gehalten haben. Mandela gab ohne zu zögern eine Antwort, die sein großes menschliches Format und sein großes Maß an geistiger Unabhängigkeit und Freiheit belegt. Er sagte: *„Nach all den Jahren im Gefängnis wollte ich endlich wirklich frei sein. Wirklich frei ist aber nur, wer ohne Hass ist."* Stellen Sie sich vor, Mandela hätte nach seiner Wahl zum Präsidenten groß angelegte Racheaktionen gegen die weiße Minderheit in die Wege geleitet. Er hätte vermutlich keinen inneren Frieden gefunden und damit seinen großartigen Erfolg beschädigt.

Man kann erfolgreiche Menschen in zwei Kategorien einteilen. Die erste Kategorie besteht aus Menschen, die ihren Erfolg mit wahnsinnigen Kraftanstrengungen bewerkstelligen. Die zweite Kategorie besteht aus Menschen, die scheinbar mühelos Übermenschliches leisten und kaum Ermüdungserscheinungen zeigen. Wenn Sie gründlich nachdenken, werden Ihnen aus Ihrem persönlichen Umfeld Menschen aus beiden Kategorien einfallen. Es ist aufschlussreich, zu ergründen woran das liegt. Ein plausibler Erklärungsansatz ist, dass die Menschen, die scheinbar unerschöpfliche Reserven haben und mühelos Erfolge erzielen, in der Regel „Überzeugungstäter" sind, die ihre wahre Berufung gefunden haben. Die Erfolgreichen der anderen Kategorie wirken irgendwann ausgezehrt und abgekämpft. Eine denkbare Erklärung ist, dass sie nicht aus tiefster innerer Überzeugung gehandelt haben, sondern - von außen gesteuert - versucht haben, die allgemeinen Erwartungen möglichst gut zu erfüllen und sich möglichst gut anzupassen. Bei dieser Kategorie von Erfolgreichen spielen häufig Statussymbole eine große Rolle. Ich denke, dass Sie mir zustimmen werden bei der Einschätzung, dass der ohne Kollateralschäden erreichte Erfolg eines Überzeugungstäters erstrebenswerter ist als der mittels Raubbau unter äußerster Kraftanstrengung erkämpfte. In diesem Buch möchte ich daher in erster Linie den Weg ausleuchten, um diese Form des Erfolges zu erreichen.

2. Was ist Glück?

„Es gibt keinen Weg zum Glück. Glücklich sein ist
der Weg."
Buddha

Das zweite große Thema dieses Buches ist Glück. Im vorherigen Kapitel habe ich bereits anklingen lassen, dass zwischen Erfolg und Glück ein Zusammenhang besteht. Es wäre aber nicht richtig, die Schlussfolgerung zu ziehen, dass Erfolg automatisch und in jedem Fall Glück nach sich zieht. Es gibt sogar Fälle, in denen Erfolg Unglück bewirkt hat.

Bei genauerer Betrachtung fällt zunächst auf, dass der Begriff des Glücks ähnlich komplex und vielschichtig ist wie der Begriff des Erfolges. Es gibt sogar eine Glücksforschung, die sich mit wissenschaftlichen Methoden der Erforschung dieses Phänomens verschrieben hat. Auf diesem Themenfeld betätigen sich Psychologen, Soziologen, Mediziner, Ökonomen, Theologen und auch Philosophen. Bereits in der Antike haben Menschen interessante Gedanken über das Thema angestellt. Beispielhaft möchte ich Aristoteles, Epikur und Seneca erwähnen.

Es wäre zunächst hilfreich, zu definieren, was Glück überhaupt sein soll. Das ist nicht so einfach, wie man meinen sollte. Die oben aufgezählten wissenschaftlichen Disziplinen haben jeweils den Versuch einer Definition unternommen. Allerdings definieren nicht alle Glück gleich und auch innerhalb der einzelnen Disziplinen der Glücksforschung gibt es ein unterschiedliches Verständnis des Begriffs.

Die älteste Definition des Begriffes Glück stammt von dem griechischen Philosophen Aristoteles (384 bis 322 v. Chr.): Das maximale Streben aller menschlichen Wesen sei auf das Glück ausgerichtet. Der Schlüssel zum Gluck liege in unseren Tugenden und Fähigkeiten verborgen. Wenn der Mensch seine Fähigkeiten also in vollen Zügen entwickelt und sein Potential ausschöpft, werde er glücklich sein. Es handele sich dabei weniger um einen Zustand als vielmehr um einen Lebensstil. Charakteristisch für diesen Lebensstil sei, dass jeder Mensch das Beste aus sich mache.

Für den griechischen Philosophen Epikur (341 bis 270 v. Chr.) bedeutete ein lustvolles Dasein Glück. Für das Verständnis ist jedoch wichtig, wie Epikur Lust definiert. Lust ist nach seiner Lesart die Abwesenheit von Schmerz, Leid und Unwohlsein. Ihm ging es also nicht um Ekstase und sinnliche Begierden, sondern um einen Zustand der inneren Ausgeglichenheit und Stabilität.

Der römische Philosoph Seneca (1 bis 65 n. Chr.) hat dem Thema des Glücks sogar ein ganzes Buch gewidmet („De vita beata" = „Vom glückseligen Leben"). Darin liefert er die folgende Definition: „...*Glückselig also ist ein Leben, welches mit seiner Natur in Einklang steht; dies aber kann uns nicht anders zu Teil werden, als wenn zuerst der Geist gesund ... ist; sodann wenn er kräftig und entschlossen, zudem sittlich rein und geduldig ist, sich den*

Zeitumständen fügt und für den Körper und alles dazu Gehörige besorgt ist, jedoch ohne Ängstlichkeit; ferner achtsam auf die übrigen Dinge, die zum Leben gehören, ohne Bewunderung irgend eines derselben, bereit die Gaben des Glückes zu benutzen, aber nicht ihnen zu frönen...".

Psychologen und Soziologen setzen bei der Erforschung des Glücks auf die Befragung von Testpersonen und definieren damit den Begriff indirekt in dem Sinne, dass glücklich ist, wer angibt, glücklich zu sein. Darüber hinaus wird mit einer Vielzahl von Fragen und Antworten versucht, Rückschlüsse zu ziehen, unter welchen Umständen sich Menschen selbst als glücklich bezeichnen oder tatsächlich glücklich sind. Damit wird Glück eigentlich nicht wirklich definiert, sondern nur die persönliche Einschätzung der Menschen abgefragt. Solche Untersuchungen sind naturgemäß mit erheblichen Ungenauigkeiten behaftet, weil die Definition von Glück durch jeden Menschen anders erfolgt und daher die Fragen und auch die Antworten viel Interpretationsspielraum lassen.

Moderne Naturwissenschaftler nähern sich der Suche nach dem Glück von einer ganz anderen Seite: Es gibt naturwissenschaftlich und medizinisch anerkannte Methoden, durch Messungen von Hirnströmen Rückschlüsse auf das Glücksniveau eines Menschen zu ziehen. Dabei ist die Erkenntnis wichtig, dass negative Emotionen zu einer verstärkten Aktivität des rechten vorderen Hirnlappens führen und positive Emotionen zu einer verstärkten Aktivität des linken vorderen Gehirn-lappens. Auf diesem Gebiet hat der amerikanische Neu-rologe Richard Davidson Pionierarbeit geleistet. Mit die-ser Methode wurde z.B. festgestellt, dass buddhistische Mönche in der Regel eine deutlich erhöhte Aktivität in Hirnregionen für positive Emotionen und eine abge-senkte Aktivität in Hirnregionen für negative Emotionen aufweisen. Diese Erkenntnisse liefern ein interessantes Bindeglied zwischen der Frage nach dem Glück und Religion. Darauf komme ich in einem späteren Kapitel noch zu sprechen.[2]

Auch Wirtschaftswissenschaftler haben sich mit dem Phänomen des Glücks befasst. Im Fokus der Betrachtung stehen dabei das Glücksstreben des Menschen als wirt-schaftliche Triebkraft und der Zusammenhang von Kon-sum und Reichtum einerseits und dem empfundenen Glückslevel andererseits. Die Wissenschaftler haben sich auch mit der Frage befasst, wie viel Geld ein Mensch benötigt, um glücklich zu sein und in welchem Zusam-menhang die Geldmenge zur „Glücksmenge" steht. Für Untersuchungen dieses Zusammenhangs hat im Jahre 2015 ein Wirtschaftswissenschaftler sogar den Nobel-preis erhalten (Angus Deaton).[3] Es gibt nur einen Haken bei der Sache: Für Geld müssen Menschen in der Regel arbeiten und auch Stress in Kauf nehmen. Wenn der mit

---

[2] Ich verweise dazu auf das Kapitel 13 mit der Überschrift „13. Haben Glück und Erfolg etwas mit Religion zu tun?".

[3] Ich verweise dazu auf das Kapitel 28 mit der Überschrift „28. Wie viel Geld braucht man, um glücklich zu sein?".

dem Gelderwerb verbundene Stress einen zu großen Teil der Lebenszeit und Lebenskraft beansprucht, dann kehrt sich der Effekt der Steigerung des Glückslevels mit der Steigerung des Einkommens um und die Rechnung geht nicht mehr auf.

Der Versuch einer Definition kann auch bei den Determinanten des Glücks ansetzen. Mit anderen Worten: Was braucht ein Mensch, um glücklich zu sein? Viele Menschen antworten auf eine solche Frage zunächst unreflektiert, dass sie auf jeden Fall viel Geld und ein großes Haus brauchen, um glücklich zu sein. Nach einigem Nachdenken werden dann in der Regel noch Gesundheit und körperliche Attraktivität und ein toller Partner genannt. Das sind natürlich durchaus erstrebenswerte Privilegien und Eigenschaften. Aber diese Angaben greifen insgesamt zu kurz.

„Glück ist nie genau das, was man sich darunter vorgestellt hat."

William Somerset Maugham

Es ist wissenschaftlich erwiesen, dass die von den Menschen angenommenen Determinanten des Glücks tatsächlich sehr häufig **nicht** die Bedeutung haben, die ihnen zugeschrieben wird. Ich verweise dazu auf das sehr lesenswerte Buch „Gefühle im Griff" von Prof. Sven Barnow (Professor für klinische Psychologie an der Universität Heidelberg). Die dort referierten Forschungsergebnisse beruhen auf der Beobachtung und Untersuchung von Menschen über längere Zeiträume, die große Mengen Geld im Lotto gewonnen hatten und solchen, die einen Schicksalsschlag erlitten hatten (Verlust eines geliebten Menschen oder Unfall mit gravierenden Auswirkungen auf die Gesundheit). Die Forscher haben verblüfft festgestellt, dass diese Ereignisse nur kurzfristige Auswirkungen auf das Glücksgefühl und die Zufriedenheit der untersuchten Personen hatten. Nach einiger Zeit bewegten sich die Zufriedenheit und das Glücksgefühl auf annähernd das gleiche Niveau zurück, auf dem sie vor dem Ereignis waren. Das widerlegt einen Ursachenzusammenhang zwischen diesen Ereignissen und dem langfristigen und nachhaltigen Glücksgefühl der Menschen, obwohl man genau das Gegenteil vermutet hätte. Wie oft haben Sie sich vielleicht selbst schon gedacht, wie glücklich es sie machen könnte, im Lotto zu gewinnen. Aber würde Ihnen das wirklich das ersehnte Glück bringen, wie Sie es sich ausmalen?

„Das Glück Deines Lebens wird bestimmt von der
Beschaffenheit Deiner Gedanken."

Marc Aurel

Das leitet hin zu der Frage, was denn stattdessen die entscheidenden Determinanten für nachhaltiges Glück sind, wenn nicht die üblichen Verdächtigen. Auch dieser Frage sind die Forscher nachgegangen und haben folgende Antwort gefunden: Es sind weniger äußere Umstände oder Ereignisse als vielmehr innere Einstellungen zu sich selbst, zum eigenen Leben und zu anderen Menschen. Das ist eine sehr wichtige Erkenntnis. Ich werde diesen Punkt später noch mit Beispielen weiter vertiefen.

Jetzt werden Sie als Leser denken: Das ist ja alles sehr interessant. Aber ich habe immer noch keine richtige Antwort bekommen auf die Frage, was genau Glück ist. Also möchte ich versuchen, eine direkte Antwort zu geben: Glück ist nach meinem Verständnis, in Freiheit das zu tun, was der wahren Persönlichkeit am besten entspricht und die Gewissheit, mit sich selbst und seiner Umwelt im Gleichgewicht zu sein. Vielleicht fällt Ihnen auf, dass diese Beschreibung Ähnlichkeiten mit der oben referierten Definition von Aristoteles hat. Ich bin davon überzeugt, dass Glück eine sehr individuelle Dimension hat, die stark geprägt wird von der Persönlichkeit eines Menschen und von seinen Einstellungen. Das kann man schon daran erkennen, dass nicht jeder Mensch mit identischen Rahmenbedingungen ein gleiches Glücksniveau empfindet. Ein introvertierter und nachdenklicher Mensch wird eher Glück empfinden beim Lesen guter Bücher und beim tiefsinnigen Gespräch in einem literarischen Quartett als ein extrovertierter Mensch, der sich im Fußballstadion glücklich fühlt, wenn die Stimmung auf dem Siedepunkt ist. Ich schreibe all das ohne Wertung. Es sind reine Beobachtungen und Feststellungen ohne jede positive oder negative Wertung. Diese Klarstellung ist mir wichtig.

Darüber hinaus bin ich davon überzeugt, dass Menschen nicht beliebig ihren Charakter verändern können. Jeder Mensch trägt ein nur begrenzt veränderliches Grundmuster eines bestimmten Charaktertyps in sich. Das heißt nicht, dass eine Weiterentwicklung nicht möglich ist. Sie ist aber nicht in jede beliebige Richtung und auch nicht ohne Begrenzung möglich. Es verhält sich vielmehr so, dass eine Entwicklung auf einer mehr oder weniger vorgegebenen Bandbreite in eine positive und eine negative Richtung möglich ist, die mit dem Grundmuster eines Charaktertypus zusammenhängt.[4] Das klingt nach einer schlechten Nachricht, ist aber keine, wenn man genau hinschaut. Denn die Spielräume für Entfaltungsmöglichkeiten sind durchaus beachtlich. Darüber hinaus glaube ich, dass der Grad der Zufriedenheit und des Glücks eines Menschen in einem Zusammenhang steht zu dem tatsächlich erreichten Entwicklungsstand auf der möglichen Bandbreite. Je weiter sich ein Mensch entwickelt und sein Potential zur Entfaltung bringt, desto glücklicher müsste er demnach sein. In diese Richtung gehen auch die oben vorgestellten Glücksdefinitionen des römischen Philosophen Seneca und des griechischen Philosophen Aristoteles. Bei Seneca wird es jedoch ein wenig zu sehr auf die Entwicklung intellektueller Fähigkeiten zugespitzt. Ich bin der Meinung, dass die Entwicklung jedweder Talente und Fähigkeiten das Glücksgefühl eines Menschen steigert und nicht nur die Entwicklung intellektueller Fähigkeiten.

Wenn ein Mensch herausgefunden hat, wer er wirklich ist und wie seine grundlegende charakterliche Prägung aussieht, dann ist das ein extrem wichtiger Er-

---

[4] Diese Erkenntnisse stehen im Einklang mit wissenschaftlichen Forschungsergebnissen der Psychologie und sind darüber hinaus Kernpunkte philosophischer Betrachtungen.

kenntnisbaustein, um die Spielräume und Möglichkeiten für eine Weiterentwicklung zu begreifen und auszunutzen. Es macht keinen Sinn, sich in eine beliebige Richtung entwickeln zu wollen, die gar nicht der eigenen Natur entspricht. Und in dieser Hinsicht hat uns Aristoteles einen richtigen und wichtigen Fingerzeig gegeben. Er hat in seiner Glücksdefinition darauf hingewiesen, dass ein Mensch glücklich ist, wenn er seine individuellen Fähigkeiten ausbildet und seine angelegten Möglichkeiten nutzt. Das halte ich für absolut richtig.

„Niemand außer Dir kann Dich glücklich oder unglücklich machen."

Martin Opitz

Nehmen wir als Beispiel einen künstlerisch begabten Menschen, der seinen Stil noch nicht gefunden hat. In dieser Entwicklungsphase wird er mit hoher Wahrscheinlichkeit unzufrieden sein mit sich selbst und das auch ausstrahlen. Er spürt tief in seinem inneren, dass er noch auf der Suche ist und den richtigen Weg noch nicht gefunden hat. Vielleicht wird ein außen stehender Beobachter das daran festmachen, dass der Künstler wenig Geld hat und nur schwer Käufer für seine Kunstwerke findet. In dieser Phase wird der Künstler beim Malen oder Bildhauen sicherlich noch nicht auf dem für ihn möglichen Level des Glücksempfindens angekommen sein und die Ausübung der Kunst vielleicht sogar häufig als anstrengende Pflicht empfinden. Wenn dieser Künstler jedoch seinen persönlichen Stil findet und Zugang zu seiner inneren Schatzkammer erlangt, dann wird sein

Glücksempfinden mühelos auf ein höheres Niveau steigen. Es würde dem Künstler nicht helfen, wenn man ihm einen nagelneuen Mercedes Benz oder eine große Geldmenge schenkt. Ich bin sicher, dass er sich darüber nur kurzfristig freuen würde. Denn es ist nicht das, was er braucht, um glücklich zu sein.

Unterstellen wir einen anderen Lebenslauf des künstlerisch begaben Menschen: Nehmen wir an, derselbe Künstler hatte ängstliche Eltern, die ihn gedrängt haben, eine Ausbildung beim Finanzamt zu machen, weil das krisensicher ist. Ich bin sicher, dass er in einem solchen Fall sein Leben lang nur mittelmäßig glücklich sein wird. Er wird vielleicht weniger materielle Sorgen haben und weniger innere Kämpfe ausfechten, aber er wird niemals das Gefühl loswerden, dass etwas Wichtiges fehlt und, dass er nicht auf dem richtigen Weg ist. Durch dieses Beispiel dürfte auch deutlich geworden sein, wie wichtig es ist, herauszufinden, wer man eigentlich ist und was die eigenen Stärken und Schwächen sind. Diese Erkenntnisse lassen sich auf alle Lebensbereiche übertragen. Das werde ich im Laufe dieses Buches weiter vertiefen und durch Beispiele belegen.

3. Warum sind manche Menschen erfolgreich und glücklich und andere nicht?

Wer die Gesetze des Erfolges und des Glücks verstehen und für sich nutzen will, muss zunächst Ursachenforschung betreiben. Bereits an diesem Punkt machen viele Menschen den Fehler, sich durch die Leugnung von Gesetzmäßigkeiten der Chance zu berauben, Erkenntnisse zu gewinnen und etwas zu verändern. Das sind genau die Leute, die sagen: *„Das Leben ist sowieso nur eine Aneinanderreihung von Zufällen. Der eine hat Glück und wird reich geboren und der andere hat eben Pech!"* Ein solcher Erklärungsansatz führt natürlich geradewegs in die Sackgasse.

Es scheint zunächst verlockend und bequem, sich mit einer solchen Erklärung zufrieden zu geben. Denn damit kann man sich der Verpflichtung entledigen, sich selbst zu fragen, was man falsch macht und besser machen kann. Es scheint so praktisch, weil man selbst nicht für Misserfolg und Mittelmaß verantwortlich zeichnet. Es ist der böse Zufall, der verantwortlich zeichnet für eine als unbefriedigend empfundene Lebenssituation.

Im Laufe meines Lebens habe ich mit vielen Erfolgsmenschen und self-made Millionären gesprochen. In persönlichen Gesprächen hat kein einziger sich dieser simplen Erklärung verschrieben. Jeder von ihnen hatte

ausnahmslos erkannt, dass es andere Ursachen und Determinanten sind, die über Erfolg und Glück entscheiden. Ich habe ein Experiment gemacht und einige dieser
Erfolgsmenschen in meinem Freundeskreis mit dem
(natürlich fundamental falschen) Erklärungsansatz konfrontiert, dass sowieso alles nur Zufall sei im Leben und
Erfolg reines Glück. Die Reaktion ist immer gleich ausge-
fallen: Zunächst ungläubiges Staunen und Sätze wie:
„Das ist doch der größte Unsinn unter der Sonne!" Ich
habe in diesen Momenten nur zufrieden gelächelt und
geantwortet: *„Natürlich ist es Unsinn! Aber Millionen von
Menschen glauben, dass das stimmt. Das ist doch erschreckend."*

Ich habe das Experiment fortgesetzt und gezielt die
Menschen in meinem Umfeld mit dieser falschen These
konfrontiert, die hinter ihren Möglichkeiten zurückge-
blieben waren. Sie ahnen, was das Ergebnis war. In der
Tat hielten mehr als die Hälfte der Befragten es immerhin für wahrscheinlich, dass diese falsche These die richtige und erschöpfende Erklärung dafür ist, dass manche
Menschen erfolgreich sind und andere nicht.

Als Zwischenergebnis können wir festhalten, dass es
Zufall allein nicht sein kann, der über Erfolg oder Misserfolg und das Glücksempfinden entscheidet. Dann aber
stellt sich die drängende Frage, was es dann ist. Darauf
kann man zunächst eine sehr abstrakte Antwort geben,
die ich in diesem Buch weiter auffächern werde: Das
Fundament eines überdurchschnittlich erfolgreichen
und glücklichen Lebens ist die Bereitschaft, sich selbst

Fragen zu stellen und überzeugende Antworten zu suchen. Dazu gehört, dass man die üblichen Antworten kritisch hinterfragt und nach besseren Antworten sucht. Dafür ist es unverzichtbar, die eigene Perspektive zu hinterfragen und offen zu sein für einen neuen Blickwinkel. Das hört sich zunächst einmal selbstverständlich an. Gleichwohl wird vielen Menschen eine mangelnde Offenheit und eine zu unkritische Sicht auf die eigene Perspektive zum Verhängnis und verhindert eine echte Weiterentwicklung. Ich möchte das mit zwei Beispielen belegen: Vor Jahren hatte ich einen Chef, der sehr unsicher war und schnell Angst vor komplexeren Zahlenwerken bekam. Er wurde regelmäßig ärgerlich, wenn er intellektuell an seine Grenzen stieß und war auch nicht bereit, sich die Zusammenhänge erklären zu lassen. Mehr als einmal teilte er mir in erhöhter Lautstärke mit: *„Ich bin der Chef und deshalb habe ich Recht!"* Ich habe schnell gemerkt, dass ich von diesem Chef wenig lernen konnte. Es liegt auf der Hand, dass dieser Mann durch seine Uneinsichtigkeit und mangelnde Offenheit den eigenen Erfolg geradezu verhindert hat. Nehmen wir ein anderes Beispiel: Über Bill Gates wird berichtet, dass er in der Anfangsphase des Aufbaus seines Softwareimperiums Microsoft von einem seiner Programmierer darauf hingewiesen wurde, dass die Architektur der Software an einer bestimmten Stelle eine große Schwäche aufweist. Der Programmierer soll diese sogar mit harschen Worten als geradezu stümperhaft kritisiert haben. Obwohl die kritisierte Weichenstellung von Bill Gates selbst stammte, hörte er interessiert zu und stellte einige Fragen, um besser zu verstehen, was genau der Programmierer meinte. Nachdem er verstanden hatte, dass der Programmierer Recht hatte mit seiner Kritik, gab er Anweisung, es so zu machen wie dieser vorgeschlagen hatte. Hätte Gates in dieser Situation ärgerlich an seiner Entscheidung festgehalten und dem Programmierer nicht zugehört, hätte er die Chance für eine wichtige Verbesserung der Software verpasst. Seine Fähigkeit zur Relativierung der eigenen Perspektive und seine Bereitschaft zum aufmerksamen Zuhören und zum „Umparken im Kopf" haben den Weg für seinen Erfolg geebnet.

Ich habe dieses Phänomen in meinem eigenen Umfeld beobachtet. Ein guter Freund und self-made Millionär in der Handelsbranche verfügt über ähnliche Eigenschaften wie die in der Anekdote von Bill Gates beschriebenen. Er führt sein Unternehmen, indem er seinen fähigsten Mitarbeitern täglich Fragen stellt und ihnen sehr aufmerksam zuhört. Er animiert die Mitarbeiter ausdrücklich, auch Kritik zu äußern und neue Wege vorzuschlagen. Er hat erkannt, dass er das Potential seiner Mitarbeiter am besten nutzen kann, wenn er es durch Fragen herausfordert und aufmerksam zuhört. Es ist nicht nur Nettigkeit, seinen Mitarbeitern viel Zeit und Aufmerksamkeit zu widmen. Es ist schlicht und einfach die Erkenntnis, dass er dadurch erfolgreicher sein kann. Ein oberflächlicher Beobachter könnte es als Schwäche missverstehen, dass er seinen Mitarbeitern so lange und aufmerksam zuhört, ohne sie zu unterbrechen und ohne Befehle zu bellen. Tatsächlich war es die Erkenntnis, dass er mit dieser Methode am schnellsten und sichersten die beste Strategie finden konnte, um sich im harten Wettbewerb zu behaupten und der Konkurrenz immer ein Stück voraus zu sein. Wer die Gesetzmäßigkeiten des Erfolgs verstanden hat, wird daher bewundernd anerkennen, dass er diese besonders smart für sich nutzt.

Ein wichtiger Erkenntnisbaustein kann auch aus der Betrachtung der Ursachen für Misserfolg und Unglück gewonnen werden. Es ist die Frage, warum manche Menschen überhaupt nicht erfolgreich sind. Viele Erklärungen für Misserfolg und Unglück gehen deshalb in die falsche Richtung, weil Sie nur Symptome beschreiben statt die Ursachen in den Blick zu nehmen. Wenn z.B. auf einem Kaffeekränzchen resümiert wird, dass diese oder jene Frau deshalb nicht erfolgreich sei, weil sie zu dick ist und sich mit zu vielen Leuten verkracht habe, dann ist das natürlich keine besonders tiefschürfende Erklärung. Eine solche Erklärung wirft mehr Fragen auf als sie beantwortet und beschreibt nur platt Symptome, aber nicht die dahinter stehenden Ursachen, die viel tiefer liegen. Sicherlich sind Übergewicht und Streitsucht keine guten Zutaten für eine Erfolgsstory. Aber viel entscheidender ist doch die Frage, wieso jemand übergewichtig und streitsüchtig geworden ist.

Ein häufig ins Schwarze treffender Erklärungsansatz für Misserfolg ist der, dass jemand nicht gelernt hat, Fragen zu stellen und richtig zuzuhören und deshalb gar nicht richtig mitbekommt, dass er mit seiner Umwelt negativ interagiert. Ich bin fest davon überzeugt, dass die wenigsten Menschen absichtlich Konflikte mit anderen beginnen. Häufig sind es Missverständnisse, die Konflikte auslösen. Und Missverständnisse entstehen dadurch, dass jemand nicht richtig zuhören kann und deshalb nicht mitbekommt, was andere ihm mitteilen wollen. Typischerweise sind es genau diese Menschen, die sich ständig beklagen, dass keiner sie versteht. Aber eigentlich ist die Ursache bei ihnen selbst verortet. Durch ihre mangelnde Fähigkeit zum aufmerksamen und offenen Zuhören wird eine Spirale von Missverständnissen in Gang gesetzt, die letztlich Rahmenbedingungen produziert, die Erfolg und Glück nahezu unmöglich machen. Ich werde das an späterer Stelle in diesem Buch mit Beispielen weiter belegen und illustrieren. An dieser Stelle sollen diese Ausführungen als zusammenfassende Darstellung der grundsätzlichen Fragen ausreichen.

4. Kann jeder Mensch erfolgreich sein?

Das ist eine Frage, die mir sehr häufig gestellt wird. Diese Frage kann ich grundsätzlich mit Ja beantworten. Zwar hat nicht jeder Mensch das Zeug, eine Legende zu werden. Aber jeder Mensch verfügt über eine Bandbreite von Entwicklungsmöglichkeiten, die einen viel größeren Erfolg zulassen als die Menschen selbst oder Dritte für möglich halten.

Ich möchte das durch zwei Beispiele belegen: Das erste Beispiel ist der weltbekannte Physiker und Mathematiker Stephen Hawking. Durch eine Krankheit des Nervensystems ist er seit 1968 an den Rollstuhl gefesselt und kann aufgrund des Fortschreitens der Krankheit seit vielen Jahren nicht mehr normal sprechen, sondern nur noch über einen Sensor im Mund Worte zu Sätzen zusammenbauen, die von einer Computerstimme gesprochen werden. Bei oberflächlicher Betrachtung wäre aus damaliger Perspektive fast jeder zu der Einschätzung gelangt, dass er mit dieser gesundheitlichen Beeinträchtigung seine Laufbahn als Wissenschaftler nicht erfolgreich fortsetzen kann. Hawking hat uns gezeigt, dass diese sicherlich sehr belastenden und niederschmetternden Umstände keine unüberwindbaren Hindernisse für die Fortsetzung seiner Erfolgsgeschichte waren. Damit hat er uns über seine bahnbrechenden wissenschaftlichen Erkenntnisse hinaus noch eine weitere wichtige

Erkenntnis geschenkt: Es sind nicht äußere Hindernisse und Erschwernisse, die Menschen vom Erfolg fernhalten. Es sind vielmehr innere Einstellungen. Das klingt abgedroschen und banal. Gleichwohl fehlt vielen Menschen diese grundlegende Erkenntnis mit der Folge, dass sie ihr ganzes Leben über Mittelmaß nicht hinauskommen.

Das zweite Beispiel ist ein Mensch, für den ich mehrere Jahre gearbeitet habe. Er teilt das Schicksal von Stephen Hawking und ist auch an den Rollstuhl gefesselt. Das Leisten einer Unterschrift ist für ihn ein Vorgang, der seine ganze körperliche Kraft fordert. Auch sonst ist er nahezu rund um die Uhr auf Hilfe angewiesen. Auch hier ist man schnell geneigt, ein unüberwindbares Hindernis für überdurchschnittlichen Erfolg zu sehen. Weit gefehlt. Dieser Mann hat sich in dem Unternehmen einen legendären Ruf erarbeitet und wird als Ratgeber und Stratege außerordentlich geschätzt. Ich selbst schätze mich glücklich, dass ich einige Jahre für ihn arbeiten durfte und in dieser Zeit wichtige Erkenntnisse gewinnen konnte. Durch einen souveränen Umgang mit den belastenden Rahmenbedingungen seiner Krankheit und durch die Konzentration auf seine mentale Stärke hat er nicht nur eine steile Karriere gemacht, sondern mit seinem Humor und seiner weisen Sicht auf Zusammenhänge und das Leben insgesamt viele Menschen beeindruckt und intensive Freundschaften aufgebaut. Von keinem anderen Vorgesetzten konnte ich im Laufe meines Berufslebens fachlich und menschlich so viel lernen wie von diesem Mann. Das hat meinen Blick dafür geschärft, was mich bisher behindert hat auf dem Weg zum Erfolg und welche Geisteshaltung mich künftig weiterbringen würde.

5. Kann man Erfolg erlernen?

„Erfolg ist nicht etwas, das einfach passiert -
Erfolg wird erlernt, Erfolg wird trainiert und dann
teilt man ihn."
Sparky Anderson

Auf diese wichtige und zentrale Frage kann ich die ermutigende Antwort geben: Ja, man kann Erfolg erlernen. Es ist sogar so, dass er nicht einfach passiert, sondern in aller Regel erlernt werden muss. Dabei ist der Lernprozess nicht fokussiert auf einen bestimmten Lernstoff, der dann im Rahmen einer Abschlussprüfung abrufbar sein und unter Beweis gestellt werden muss. Vielmehr ist es nach meiner Überzeugung so, dass es um grundlegendere Erkenntnisse von Zusammenhängen und Gesetzmäßigkeiten geht, die Erfolg möglich machen.

Verstehen Sie mich bitte nicht falsch. Ich bin nicht dagegen, dass Sie sich Fachwissen aneignen und Diplome erwerben und Staatsexamina ablegen. Ich selbst habe das auch getan. Ich habe in drei Staaten in drei Sprachen studiert und ein umfangreiches Fachwissen aufgebaut. Das war richtig und sicherlich keine verschwendete Zeit. Aber das allein war nicht ausreichend, um überdurchschnittlich erfolgreich zu sein. Eine Zeit lang hatte ich geglaubt, dass noch mehr Fachwissen und noch mehr Universitätsabschlüsse und akademische Weihen mich erfolgreicher machen würden. Aber es fehlte etwas, um mit all diesem Wissen etwas Bedeutendes zu tun und überdurchschnittlichen Erfolg zu haben. Den entscheidenden Erkenntnisbaustein habe ich einige Zeit später gefunden. Er bestand in der Erkenntnis meiner wahren Stärken und Talente. Mir wurde klar, dass mein Platz nicht an Konferenztischen in Nobelkanzleien ist, um Mandanten für € 350 pro Stunde bei einem Immobiliendeal zu beraten. Das konnte ich zwar und war nach Ansicht der Kollegen durchaus erfolgreich auf diesem Gebiet. Aber es befriedigte mich nicht und ich ahnte tief in meinem Inneren, dass das noch nicht meine wahre Bestimmung ist. Irgendwann erkannte ich, dass ich über eine viel wertvollere Fähigkeit verfüge, die ich bis dahin nicht genutzt hatte: Es ist die Fähigkeit, Sachbücher für ein Millionenpublikum zu schreiben und komplizierte Themen in Buchform so zu vermitteln, dass jeder sie ohne Kopfschmerzen begreifen kann. Mir wurde klar, dass ich auf diesem Gebiet über ein Potential verfüge, dass nur sehr wenige Menschen haben.

Meine ersten Sachbücher für Privatanleger zum Thema Kapitalanlagen in Wohnimmobilien haben innerhalb kürzester Zeit die einschlägigen Bestsellerlisten gestürmt. Nach gerade einmal einem Jahr war ich auf diesem Sachgebiet Marktführer in Deutschland, Österreich und der Schweiz. Ich erhielt zahllose E-Mails von begeisterten Lesern, die sich bedankten, dass ich mein Wissen mit ihnen teile und so schreibe, dass es jeder verstehen kann. Unter den Lesern war die gesamte Bandbreite der Bevölkerung vertreten: Professoren, Ärzte, Rechtsanwälte, Steuerberater, Ingenieure, Geschäftsführer, Politiker, Journalisten und eben auch einfache

Angestellte, die keine Universität besucht hatten und schließlich sogar Leute, die bisher noch nie ein Sachbuch gelesen hatten. Mir war das Kunststück gelungen, sie alle zu erreichen und ihnen komplizierte Themen so zu vermitteln, dass alle Leser zufrieden waren. Damit hatte ich meine wahre Berufung gefunden. Meine Universitätsabschlüsse sind zwar ein gutes Fundament für den Erfolg. Aber sie allein haben noch nicht zum Durchbruch geführt. Der entscheidende Baustein war die Erkenntnis meiner wahren Stärken und der Einsatz derselben in konkreten Projekten.

An dieser Stelle möchte ich eine Warnung aussprechen: Hüten Sie sich vor Ratschlägen von selbsternannten Lebensberatern, die Ihnen erklären, dass Sie der Mensch sein können, der Sie sein wollen. Das wird leider häufig in seichter Ratgeberliteratur behauptet. Das geht in eine falsche Richtung und verkennt die tatsächlichen Zusammenhänge, dass jeder Mensch grundsätzliche Prägungen hat, die seinen Charakter ausmachen und letztlich auch die möglichen Richtungen für eine erfolgreiche Entfaltung vorgeben. Es ist daher nicht entscheidend, einfach nur zu wünschen, ein bestimmter Mensch zu sein und sich nach Kräften zu verstellen. Es ist vielmehr entscheidend, herauszufinden, welcher Mensch man tatsächlich ist, um auf der Grundlage dieser Erkenntnis sein Potential voll zu entfalten. Das verkennen leider einige Lebensberater und schicken Menschen in die falsche Richtung.

6. Gibt es einen Universalschlüssel zum Erfolg?

Der Schlüssel zum persönlichen Erfolg liegt natürlich nicht einfach unter der Fußmatte. Er verbirgt sich und muss mühselig gesucht werden. Es ist ein wenig wie die Suche nach dem heiligen Gral.

Autoren, die Ihnen einfache Rezepte versprechen, die für jeden Menschen mühelos funktionieren sollen, belegen nach meiner Überzeugung damit, dass sie die Gesetzmäßigkeiten des Erfolges und des Glücks nicht wirklich verstanden haben. Denn eine Grundvoraussetzung für überdurchschnittlichen Erfolg ist die Erkenntnis der eigenen Persönlichkeit und damit einhergehend der eigenen Stärken und Schwächen. Der Weg zu dieser Erkenntnis ist nicht einfach zu finden. Oft wird eine entscheidende Veränderung erst nach schmerzhaften Niederlagen und damit einhergehendem Leidensdruck herbeigeführt. Es erfordert Kraft und Mühe, um die Tür in eine neue Dimension aufzustoßen.

Ich habe dazu ein einfaches Experiment gemacht und Freunde unvorbereitet gefragt: *„Wer bist Du eigentlich? Was genau macht Dich als Mensch aus und wo liegen Deine Stärken und Schwächen?"* Die Reaktion ist fast immer die gleiche. Die Befragten sind zunächst irritiert und stellen dann verblüfft fest, dass sie keine richtige Antwort parat haben auf diese einfache Frage. Wenn man ihnen dann ein wenig Zeit zum Nachdenken lässt, kommen Fragmente einer Beschreibung, die aber in der Regel unfertig und unausgegoren wirkt. Meistens stellen die Befragten nach einigen Minuten nachdenklich fest, dass sie es nicht wirklich wissen. Jedenfalls ist es bei den ehrlichen Gesprächspartnern so, die insbesondere ehrlich zu sich selbst sind und keine Rolle spielen. Ich mache dieses Experiment nicht, um Menschen bloß zu stellen oder zu verletzen. Nichts liegt mir ferner. Ich tue das, um Bewusstsein sein zu wecken für die Frage der Fragen, die über das Schicksal eines Menschen entscheidet. Nur wer wirklich weiß, wer er ist, kann überdurchschnittlichen Erfolg haben und sein Potential voll ausschöpfen.

Ich spreche aus Erfahrung. Bei mir selbst war es vor geraumer Zeit auch so, dass ich keine präzise Antwort auf diese Frage der Fragen geben konnte. Der Zeitpunkt, zu dem ich die Antwort gefunden habe, ist nicht nur zufällig deckungsgleich mit dem Zeitpunkt, zu dem ich einen Senkrechtstart in ein erfolgreicheres Leben als Immobilieninvestor und Bestsellerautor gemacht habe. Die Erkenntnis meiner selbst war die Grundvoraussetzung für die Entfaltung meines vollen Potentials und die Initialzündung für den Start in eine erfolgreichere und glücklichere Zukunft.

Leider werden die entscheidenden Fragen des Lebens in keiner Bildungsinstitution (weder Schule noch Universität) gestellt und beantwortet. Auch in den Medien kommen diese grundlegenden und entscheidenden

Einsichten kaum vor. Überall wird suggeriert, wie man sein sollte oder zu sein hat. Aber kaum jemand stößt die Menschen auf die viel wichtigere Frage, wer sie wirklich sind. Das ist außerordentlich schade, weil es viele Menschen der Chance beraubt, ein erfolgreicheres und glücklicheres Leben zu führen.

7. Das Geheimnis legendären Erfolgs

„Genie ist 1% Inspiration und 99% Transpiration."
Thomas Alva Edison

Wenn man verstehen will, wie Menschen überdurchschnittlich erfolgreich werden, dann ist die Betrachtung von Extremfällen aufschlussreich. Damit meine ich die Analyse der Lebensläufe und der Mentalität von Menschen, die legendär erfolgreich geworden sind und die Welt verändert haben.

Nehmen wir z.B. Jeff Bezos. Er ist der Gründer von Amazon und mittlerweile zum zweitreichsten Menschen der Erde aufgestiegen. Dabei hatte er alles andere als optimale Startbedingungen. Wussten Sie, dass Herr Bezos von einem Teenager zur Welt gebracht wurde und ein Scheidungskind ist? Seine Mutter war 17 Jahre alt, als er geboren wurde. Sie ließ sich nach nur einem Jahr von seinem Vater scheiden und heiratete vier Jahre später den Exilkubaner Miguel Bezos, dessen Nachnamen später auch Jeff annahm. Bezos hatte großes Talent und machte an der Princeton University mit Bestnoten seinen Bachelor-Abschluss in Informatik und Elektrotechnik.

In Interviews ist er immer wieder gefragt worden, was das Geheimnis seines legendären Erfolges ist. Seine Antworten darauf waren immer die gleichen: Die bedingungslose Fokussierung auf den Kunden und ein gutes Produkt. Alle reden davon, aber zu viele handeln nicht danach. Es ist ein Unterschied, ob ich in der Werbung behaupte, dass der Kunde im Fokus steht oder ob das wirklich der Fall ist. Bezos hat sich zum Ziel gesetzt, die zufriedensten Kunden der Welt zu haben. Dazu gehört auch, dass die Kunden schnell und bequem beliefert werden, eine riesige Auswahl haben und die Produkte mit Rezensionen bewerten können. Außerdem ist ihm wichtig, den Geist von „Tag 1" bei der Entwicklung eines Unternehmens aufrechtzuerhalten. Damit meint er, sich nicht auf Lorbeeren auszuruhen, sondern täglich nach Verbesserungspotential zu suchen und Vollgas zu geben. Auch dann, wenn das Unternehmen bereits erfolgreich und gut im Markt positioniert ist, strengt er sich an wie an „Tag 1" der Unternehmensgründung. Schließlich ist es nach Einschätzung von Bezos wichtig, Trends zu erkennen und frühzeitig auf das richtige Pferd zu setzen. Das ist ihm mit seinem Unternehmen Amazon offenbar gelungen. Er hat früher als andere erkannt, dass das Internet den Handel revolutionieren würde und frühzeitig auf diese Karte gesetzt. Last but not least gehört nach Aussagen von Bezos aber auch Risikobereitschaft dazu. Er hat angegeben, dass er als Unternehmer schnelle Entscheidungen treffen muss. Das führt dazu, dass häufig nur 70% der wünschenswerten Informationen vorliegen statt angestrebter 100%. Wenn man jedoch länger zuwartet, sind Konkurrenten schneller und besetzen als erste ein Geschäftsfeld. Also muss man lernen, auf der Grundlage von weniger Informationen schnelle und gute Entscheidungen zu treffen.

Anhand dieses Beispiels dürfte deutlich geworden sein, dass es nicht optimale Startbedingungen sind, die einen Menschen zu legendärem Erfolg führen, sondern ein eiserner Wille und eine Vision, die mit Herzblut und Weitsicht umgesetzt wird. Darüber hinaus ist wichtig, dass die Ziele und Visionen nicht nur ab und zu verfolgt werden, sondern täglich zum Gradmesser des eigenen Handelns werden.

8. Was sind die größten Hindernisse für Erfolg und Glück eines Menschen?

„Verbringe die Zeit nicht mit der Suche nach einem Hindernis, vielleicht ist keins da."

Franz Kafka

Nachdem Sie dieses Zitat von Kafka gelesen haben, denken Sie wahrscheinlich, dass die Überschrift dieses Kapitels sinnlos ist und eigentlich nichts zum Thema gesagt werden kann. Es geht in diesem Kapitel auch nicht darum, Hindernisse zu suchen, wo keine sind. Es geht vielmehr um die Frage, welche Geisthaltungen und Einstellungen Menschen auf dem Weg zum Erfolg ausbremsen und behindern.

Eine Geisteshaltung, die darauf ausgelegt ist, Hindernisse zu suchen und durch das Vergrößerungsglas zu betrachten, ist ein Hemmschuh für Erfolg. Häufig stellt sich nämlich heraus, dass das vermeintliche Hindernis entweder gar nicht besteht oder viel kleiner und harmloser ist als es gesehen wird. Nicht selten werden Hindernisse nur vorgeschoben, um nicht handeln zu müssen und eine Entschuldigung zu haben, dass man sich gar nicht erst auf den Weg macht. Das ist die Botschaft, die Kafka uns mit dem Zitat vermitteln will.

Lassen Sie uns einen genaueren Blick auf die Geisteshaltungen werfen, die Menschen vom Erfolg fernhalten. Das kann sehr hilfreich sein, um den Weg des Erfolges besser erkennen zu können.

Ignoranz

Die Einstellung, dass man nichts mehr lernen kann und schon alles weiß, ist eine der schlimmsten Hindernisse für Erfolg. Menschen, die glauben, dass es sich nicht lohnt, zuzuhören, um neue Sichtweisen zu bekommen, lassen eine ganz entscheidende Quelle von Inspiration und Erkenntnissen ungenutzt. Im Alltag ist die Geisteshaltung von Ignoranz nicht immer sofort erkennbar, weil sie sich hinter Floskeln verbirgt. Wenn ein Mensch z.B. häufig Sätze der folgenden Art ausspricht, dann ist das ein Alarmsignal:

„Von dem Herrn Müller muss ich mir schon gar nichts sagen lassen."

„Ich kenne mich bestens aus. Ich brauche keinen ,Nachhilfeunterricht' von niemandem."

Seien Sie wachsam und beobachten Sie einmal bewusst, was Menschen in Ihrer Umgebung in diese Richtung äußern. Und achten Sie auch darauf, was Sie selbst sagen. Es ist richtig, seine eigene Meinung zu haben und zu dieser stehen. Aber es ist nicht richtig, diese mit Zähnen und Klauen zu verteidigen, ohne sich für neue Erkenntnisse zu öffnen.

Angst

Ein ebenso großes Hindernis für Glück und Erfolg ist Angst. Häufig geben Menschen an, aus Angst vor Fehlentscheidungen lieber keine Entscheidung zu treffen oder diese möglichst auf andere zu delegieren. Angst kann sich verselbständigen und zu einem scheinbar unüberwindbaren Hindernis für Erfolg werden. Im Extremfall kann Angst sogar zu einem Gefängnis werden, dass den menschlichen Geist beherrscht und seiner Freiheit beraubt. Respekt vor Risiken ist gut. Er immunisiert gegen Leichtsinn. Aber kritisch wird es dann, wenn Angst den Geist beherrscht und die Wahrnehmung und das Entscheidungsvermögen trübt.

Die Kenntnis der Ursachen von Angst kann befreiend wirken. Viele Menschen verkennen, dass trübe Gedanken und eine verzerrte Perspektive häufig die Quelle von schädlicher Angst sind und kämpfen daher an der falschen Front. Sie nehmen die Angst als ursachenfreies Phänomen, das selbst bekämpft werden muss und erreichen durch eine solche Geisteshaltung genau das Gegenteil. Die Angst ist aber kein ursachenfreies Phänomen und sie ist kein Gegner aus Fleisch und Blut, den man mit Boxhieben treffen kann. Paradoxerweise wird die Angst durch den Versuch ihrer Bekämpfung sogar größer und nicht kleiner. Es wäre viel sinnvoller, der Angst die Nahrung zu entziehen indem negativen Gedanken weniger Raum gegeben wird und die Berechtigung der verzerrten und angsterzeugenden Perspektive kritisch hinterfragt wird. Es ist symptomatisch, wenn auf die Frage nach der Ursache und dem Bezugspunkt der Angst keine konkreten Antworten gegeben werden können. Das zeigt, dass die Einsicht in die Ursache der Angst fehlt. Häufig sind negative Gedanken die Ursache eine diffuse und lähmenden Angst und keine tatsächlichen Gefahren und Risiken. Ein weiteres wirksames Mittel gegen lähmende Angst ist Aktivität. Die Konzentration auf eine Tätigkeit ist viel besser als eine grüblerische Bespiegelung der Angst, die diese nur nährt und vergrößert.

Schuld

Ein ebenso großes Hindernis für Erfolg und Glück kann eine persönliche Schuld sein, die jemand vermeintlich oder tatsächlich auf sich geladen hat. Nehmen wir ein Beispiel: Ein Mensch verursacht einen Autounfall, bei dem der Partner oder die Partnerin ums Leben kommt. Die Last der empfundenen Schuld kann das gesamte Leben überschatten und jedwede Weiterentwicklung hemmen und blockieren. Sich selbst zu verzeihen, kann sogar schwieriger sein, als anderen zu verzeihen. Verzeihung zu erlangen ist eine Gnade, die die Seele befreien kann. An der Last von empfundener oder tatsächlicher Schuld kann ein Mensch zerbrechen.

Tragisch sind Fälle, in denen jemand sich eine Schuld einbildet, die tatsächlich nicht vorhanden ist. Wenn z.B. Eltern sich schuldig fühlen, weil ihre Kinder drogensüchtig geworden und im Leben gescheitert sind, dann muss die empfundene Schuld nicht tatsächlich existieren. Es kann auch sein, dass die Kinder trotz optimaler Startbedingungen und trotz bester Erziehungsleistungen der Eltern Charaktermängel haben, die in ihrer eigenen Verantwortung liegen. Es ist daher in jedem Fall ratsam, Schuldgefühlen auf den Grund zu gehen und sie kritisch darauf hin zu prüfen, ob die empfundene Schuld in einem realistischen Licht gesehen wird. Dabei kann ein naher Angehöriger und guter Freund hilfreich sein, der über die Gabe verfügt, ungefiltert seine Meinung zu sagen und ehrlich zu sein.

> *„Vergebung verändert nicht die Vergangenheit,*
> *aber sie bereichert die Zukunft."*
> **Les Brown**

Bleibt auch nach kritischer Aufarbeitung der Frage der tatsächlichen Berechtigung von Schuldgefühlen noch immer eine empfundene Belastung, so ist es ratsam, ein offenes Gespräch mit den Menschen zu suchen, denen gegenüber Schuld empfunden wird und ehrlich und aufrichtig daran zu arbeiten, die Schuld zu beseitigen und sich zu befreien. Verdrängung hilft leider nicht wirklich weiter. Bitte bedenken Sie, wie zerstörerisch empfundene Schuld langfristig auf Ihr Leben und Ihre Entwicklungsperspektiven wirkt. Schuld auf sich zu laden, ist menschlich. Es ist aber unmenschlich, sich selbst keine Chance zu geben, die Sache wieder ins Lot zu bringen. In vielen Fällen wirken eine persönliche Aussprache und der ernsthafte und ehrliche Versuch einer Beseitigung von Schuld für alle Beteiligten befreiend.

Selbstzweifel

Selbstzweifel sind ein ambivalentes Thema. Sie haben eine gute eine schlechte Seite. Selbstzweifel beschleichen erstaunlicherweise hochbegabte Menschen häufiger als mittelmäßig begabte. Insofern deutet vieles darauf hin, dass eine laufende selbstkritische Prüfung, ob der eingestellte Kurs der richtige ist, Menschen mit Potential zu legendären Leistungen und Erkenntnissen führen kann. An den Autobiographien von berühmten Wissenschaftlern, Künstlern und Politikern kann man dieses Phänomen sehr gut ablesen. Der kritische Geist fragt so lange, bis er befriedigende Antworten hat und prüft die gefundenen Antworten immer wieder auf ihren Wahrheitsgehalt und ihre Überzeugungskraft. Dabei wird auch die eigene Perspektive in Zweifel gezogen und kritisch beäugt. In dieser Hinsicht können Selbstzweifel nützlich sein und einer persönlichen Weiterentwicklung Vorschub leisten.

> *„Jeder ist ein Genie! Aber wenn Du einen Fisch danach beurteilst, ob er auf einen Baum klettern kann, wird er sein ganzes Leben denken, er sei dumm."*
> **Albert Einstein**

Dann gibt es schließlich die Art von Selbstzweifeln, die zerstörerisch sind und Erfolg und Glück verhindern. Dabei handelt es sich um ein mangelndes Grundvertrauen eines Menschen in seinen eigenen Wert und sein Urteilsvermögen. Wer grundsätzlich an sich zweifelt und sich nicht mehr über den Weg traut, der verliert seine Richtung und seinen inneren Kompass. Es gibt kaum ein größeres Hindernis für Erfolg und Glück als eine solche Form des Selbstzweifels. Die Ursachen können vielschichtig sein. Es können traumatische Erlebnisse sein oder ein extrem ungünstiges Umfeld in der Phase der Entwicklung eines Menschen. Solche schädlichen Selbstzweifel treten häufig in Kombination mit übertriebener Eifersucht auf, die auch aus einem mangelnden Selbstvertrauen herrührt. Es dürfte auf der Hand liegen, dass eine solche Form des Selbstzweifels überdurchschnittlichen Erfolg und überdurchschnittliches Glück geradezu unmöglich macht.

Neid

Sie sind wahrscheinlich etwas erstaunt, an dieser Stelle den Neid als Hindernis für Erfolg zu finden. Denn viele Menschen glauben, dass Neid eine Antriebskraft ist, die zu höheren Leistungen anspornen kann und damit erfolgsfördernd sein müsste. Tatsächlich ist das jedoch nicht der Fall. Neid ist Missgunst und damit eine negative Antriebskraft. Neid zielt mehr auf die Zerstörung des Erfolges von anderen Menschen als auf die Erreichung eigener Erfolge. Das ist schädlich auch für denjenigen, der Neidgefühle hegt. Denn er blockiert damit seine eigene Leistungsfähigkeit und Kreativität und verschwendet Energie auf der falschen Baustelle. Denn der vermeintliche oder tatsächliche Erfolg Ihres Nachbarn oder Rivalen hat mit Ihrem Erfolg gar nichts zu tun. Wenn Sie den Erfolg des Nachbarn sabotieren, sind Sie dadurch noch lange nicht selbst erfolgreich.

Neid resultiert aus dem Vergleichen mit anderen. Dabei wird jedoch ein falscher Maßstab herangezogen. Der Maßstab für Ihre Entwicklung und für Ihren Erfolg sind Sie selbst und nicht Ihr Nachbar und auch nicht die

Größe des Hauses und des Autos Ihres Nachbarn. Ein weiteres Problem besteht darin, dass Neid in der Regel aus dem Vergleich von Statussymbolen entsteht und nicht aus dem Vergleich von echten Werten und Qualitäten. Weiter oben in dem Kapitel „Was ist überhaupt Erfolg?" hatte ich etwas über zwei Kategorien von erfolgreichen Menschen geschrieben: Diejenigen, die Erfolg mit Raubbau an den eigenen Kräften erzielen und ohne innere Überzeugung handeln und diejenigen, die aus einer inneren Kraftquelle schöpfen und bei der Erbringung von Höchstleistungen im Gleichgewicht bleiben. Ich hatte auch darauf hingewiesen, dass diese Kategorie von Erfolg erstrebenswerter ist als die erstgenannte Kategorie, die bezeichnenderweise häufig von Neid und Missgunst begleitet ist. Wenn Sie Raubbau mit Ihren Kräften betreiben, um einen Mercedes zu fahren, damit Ihr Nachbar neidisch wird, dann machen Sie etwas falsch. Setzen Sie besser auf positive Antriebskräfte!

9. Warum hat mir niemand den Weg gezeigt?

Wenn Menschen zu begreifen beginnen, dass der Schlüssel zum Erfolg die Erkenntnis der eignen Persönlichkeit ist, dann taucht irgendwann die mitunter auch anklagende Frage auf, warum sie darüber nicht früher informiert worden sind. Das ist zunächst eine verständliche Reaktion. Nach meiner Beobachtung erkennen jedoch die reiferen und weiseren Menschen relativ schnell, dass diese Frage jedenfalls in der Variante einer Anklage nicht weiter führt. Denn tatsächlich verhält es sich so, dass man sich den Weg nicht einfach zeigen lassen oder bequem mit dem Taxi zur Selbsterkenntnis fahren kann. Vielmehr muss jeder seinen Weg selbst suchen und finden. Das kostet Kraft und Zeit. Aber es lohnt sich auf jeden Fall, sich auf den Weg zu machen.

Ich ahne, dass Sie beim Lesen dieser Zeilen verwirrt schauen und sich fragen, was denn damit gemeint ist. Schließlich lesen Sie ja z.B. dieses Buch, um sich möglichst einen Weg zeigen zu lassen, der zum persönlichen Erfolg führt. Mit meiner Aussage meine ich nicht, dass es falsch ist, sich etwas erklären zu lassen, um Einsichten und Erkenntnisse zu gewinnen. Das ist sogar sehr gut und unverzichtbar, wenn man sich weiterentwickeln will. Aber die eigentlich entscheidenden Schritte können nur Sie selbst machen. Denn nur Sie selbst können den Blick nach innen wenden und den wahren Kern Ihrer

Persönlichkeit und Ihre Stärken und Schwächen erkennen. Darum ist es nicht möglich, sich von einem Kundschafter den Weg bis zum Ziel zeigen und sich dorthin führen zu lassen. In mystifizierter Form ist diese Botschaft auch in der Legende vom heiligen Gral verborgen, wenn es dort heißt, dass der Gral nur von einem Menschen reinen Herzens gefunden werden kann.[5]

---

[5] Wenn Sie mögen, können Sie auf folgender Internetseite etwas zu dem Mysterium des heiligen Grals nachlesen: https://goo.gl/GbUQ1n. Für das Verständnis dieses Buches ist das aber nicht erforderlich.

10. Die inneren Antreiber und ihre Bedeutung für Erfolg und Glück

Ich habe mir selbst vor Jahren die Frage gestellt, was mich antreibt und auf welches Ziel ich zustrebe. Mit anderen Worten: Für welches Ziel bin ich bereit, die größten Kraftanstrengungen zu unternehmen und meine gesamten Ressourcen einzusetzen? Bei der Suche nach einer Antwort ist es wichtig, ehrlich zu sich selbst zu sein. Machen Sie bitte nicht den Fehler, vorschnell etwas zu antworten, was man allgemein so als höheres Ziel anstreben sollte wie z.B. Gerechtigkeit. Es geht bei der Frage nicht darum, in einer Talkshow eine gute Figur zu machen oder unter Beweis zu stellen, dass man gut erzogen ist. Es geht vielmehr darum, die Wahrheit zu erkennen. Denn nur das bringt Sie wirklich weiter. Wenn Sie spontan keine Antwort auf diese Frage haben, dann spricht das sehr dafür, dass Sie wirklich ehrlich sind und ernsthaft nach der richtigen Antwort suchen. Das ist auf jeden Fall besser als vorschnell die Suche mit einer gefällig erscheinenden Antwort zu beenden bevor sie richtig begonnen hat.

Meine Antwort auf die Frage lautet Freiheit. Mein innerer Antreiber und das Ziel, auf das meine Anstrengungen in der Vergangenheit zugelaufen sind und auch in der Gegenwart zulaufen, ist Freiheit. Diese Erkenntnis war außerordentlich wichtig für mich, weil sie der Wegbereiter in mein neues Leben als Immobilieninvestor und Bestsellerautor war. Die Kehrseite der Freiheit ist natürlich das Risiko. Ich habe mich für die Freiheit und das damit verbundene Risiko entschieden. Diese Entscheidung ist aber nicht für jeden Menschen richtig. Es gibt Menschen, für die ein zu großes Maß an Freiheit und Risiko bedrohlich ist. Auch das meine ich nicht als Wertung. Es ist einfach so und das ist nicht ehrenrührig. Es ist sehr wichtig, das für sich selbst klar zu sehen. Denn durch eine Entwicklung in die falsche Richtung können Sie sich unglücklich machen. Das Leben ist gefährlich und ein Menschenleben ist zerbrechlich. Daher ist es durchaus richtig, Respekt vor den Risiken zu haben.

> *„Das Geheimnis des Glücks ist die Freiheit. Das*
> *Geheimnis der Freiheit aber ist der Mut."*
> **Perikles**

Heute bin ich wirtschaftlich vollständig unabhängig und fühle mich absolut frei und daher glücklich. Ich kann meine Zeit frei einteilen und selbst entscheiden, wie ich meinen Tag gestalte. Diese Freiheit nutze ich für ausgedehnte Reisen in alle Welt, aber auch für das Schreiben neuer Bücher und für die Überarbeitung meiner alten Bücher. Die Kraft des menschlichen Geistes ist ein wunderbares Phänomen. Wer dieses Instrument richtig einzusetzen weiß, kann fast alles erreichen. Das ist die Lektion, die mich das Leben gelehrt hat.

Ich bekomme immer wieder Anrufe und E-Mails von Headhuntern oder Personalchefs, die mich auf hochbezahlte Positionen in der Wirtschaft locken wollen. Ich lehne jedes Mal ohne Zögern ab. Ich würde mich in die falsche Richtung bewegen, wenn ich diese Offerten annähme. Entscheidend ist für mich, dass ich ein Stück meiner jetzigen Freiheit aufgeben würde, die ich als Immobilieninvestor und Bestsellerautor genieße. Das allein reicht als Grund für mich aus, diesen Schritt nicht zu tun und meiner wahren Berufung treu zu bleiben.

Wenn Sie für sich selbst herausgefunden haben, was Ihr innerer Antreiber ist, sind Sie einen ganz entscheidenden Schritt weiter. Denn eine solche Erkenntnis gibt Orientierung und erleichtert es, gute und schnelle Entscheidungen zu treffen. Ich habe das im vorhergehenden Absatz exemplarisch für die Freiheit als Leitmotiv meines eigenen Lebens gezeigt. Ohne diese grundlegende Erkenntnis wäre ich vielleicht schon nicht mehr so frei wie ich es heute bin, weil ich mich z.B. wieder in ein Angestelltenverhältnis begeben hätte. Zum Glück habe ich diesen Fehler nicht gemacht. Wie Sie sehen, helfen grundlegende Erkenntnisse, mit traumwandlerischer Sicherheit die richtigen Entscheidungen zu treffen und sich nicht vom Weg abbringen zu lassen.

11. Welche Rolle spielt die Einstellung zur Vergangenheit, Gegenwart und Zukunft?

"…Dagegen ist das Leben derer sehr kurz und sorgenvoll, die das Vergangene vergessen, die Gegenwart verträumen und vor der Zukunft Angst haben; sind sie ans Ende gekommen, so sehen sie, diese Bedauernswerten, zu spät ein, dass sie so lange beschäftigt gewesen sind, ohne doch etwas zu tun…"

Seneca

Wie Sie an dem vorangestellten Zitat des römischen Philosophen Seneca ersehen können, haben sich Menschen bereits in der Antike umfangreiche Gedanken darüber gemacht, wie ein Mensch mit Zeit umgehen sollte.[6] Die Einstellung eines Menschen zu Zeit ist ein wichtiger Punkt. Grundsätzlich verfügt jeder Mensch über 24 Stunden Zeit pro Tag. Und gleichwohl hat es den Anschein, dass einige Menschen weniger oder mehr Zeit haben. Das liegt an der eigenen Einstellung zu Zeit und zum Umgang mit ihr.

---

[6] Das Zitat stammt aus Senecas Buch „Von der Kürze des Lebens". Dieses Buch ist sehr lesenswert und wirkt sogar in der heutigen Zeit noch immer fortschrittlich, obwohl es fast 2.000 Jahre alt ist.

Insgesamt ist festzustellen, dass die meisten Menschen wenig bewusst mit Zeit umgehen. Dabei ist Zeit eine der wertvollsten Ressourcen, über die wir verfügen. Jeder Tag, jede Stunde und jede Minute Ihres Lebens kommt nur einmal. Und Ihre gesamte Lebenszeit ist endlich, auch wenn wir alle uns täglich darüber hinwegtäuschen und diese Erkenntnis ausblenden.

Stellen Sie sich vor, ein Arzt würde diagnostizieren, dass Sie nur noch ein Jahr lang zu leben haben. Das würde Ihnen schlagartig ins Bewusstsein rufen, dass Zeit etwas sehr Wertvolles ist und gut verwendet werden sollte. Mit einer derartigen Perspektive würden Sie sofort darüber nachdenken, was Sie in der verbleibenden Zeit tun möchten: Zum Beispiel bestimmte Orte besuchen, sich mit Menschen aussöhnen und belastende Konflikte beenden und ähnliches. Sie würden also schlagartig sehr bewusst mit der Ressource Zeit umgehen. Jetzt kommt die gute Nachricht: Sie benötigen gar keine Schockdiagnose, um schon heute damit zu beginnen, bewusst mit Ihrer Zeit umzugehen. Sie können schon jetzt in diesem Augenblick damit beginnen, Ihre Zeit bewusster wahrzunehmen und zu verwenden.

Verstehen Sie mich bitte nicht falsch. Ich will Sie nicht davon überzeugen, rastlos zu werden und jede Minute mit Aktivitäten zu füllen. Es kann sogar so sein, dass Sie zu viel arbeiten und zu wenig Zeit mit erholsamen und inspirierenden Dingen und Menschen verbringen und damit trotz viel Aktionismus und trotz gefühlt hoher Auslastung unter dem Strich ineffizient und unzufrieden sind. Ich bin davon überzeugt, dass Menschen mit einer ausgewogenen Work-Life-Balance unter dem Strich sogar effizienter sind als Workoholics. Sie sind aber nicht nur effizienter, sondern häufig auch glücklicher. Sicherlich ist es in der menschlichen Natur angelegt, eine sinnvolle Arbeit zu tun und Anerkennung zu erlangen. Richtig ist aber auch, dass der Mensch nicht nur zum Arbeiten auf dieser Welt ist, sondern auch zur Freude und zur persönlichen Entfaltung.

Werfen wir einen Blick auf das andere Extrem: Die meisten arbeitslosen Menschen sind unzufrieden obwohl sie Freizeit in Hülle und Fülle haben, also einen Zustand, den sich arbeitende Menschen allzu oft herbeisehnen, ohne zu bedenken, ob das wirklich ein Segen ist. Für einen arbeitslosen Menschen wirkt sich der wenig bewusste Umgang mit Zeit besonders schädlich aus. Es wird immer wieder berichtet, dass Menschen den Weg aus dieser Misere dadurch fanden, dass sie angefangen haben, ihren Tag zu strukturieren und bewusster mit Zeit umzugehen. Insofern ist der Lösungsansatz für Arbeitslose ein ähnlicher wie der für einen Workoholic, der eben auch das Maß und die Orientierung für einen bewussten Umgang mit Zeit verloren hat.

Letztendlich hat das Ganze aber auch mit der Einstellung zu Ihrer Arbeit zu tun. Wenn Sie „im richtigen Film" sind und gerne arbeiten, dann werden Sie die Arbeitszeit nicht unbedingt als Belastung empfinden, sondern als Chance zur Entfaltung. Wenn das nicht der Fall ist, dann ist das ein alarmierendes Zeichen, das Sie zum

Anlass nehmen sollten, über eine Veränderung nachzudenken. Denn eine Arbeit, die Ihre Lebenskraft aufzehrt und für Sie zur Qual wird, ist definitiv keine gut investierte Zeit. Nehmen wir ein Beispiel. Ein Schulfreund klagt seit ca. 20 Jahren darüber, dass er den falschen Beruf gewählt hat und als Steuerberater eigentlich unglücklich ist. Viel lieber wäre er nach eigenem Bekunden Maler oder Bildhauer geworden. Es ist schade, dass dieser Freund sich selbst das Leben schwer macht mit diesen Gedanken. Es gibt für ihn durchaus einen Ausweg: Er könnte tatsächlich eine Veränderung in seinem Leben herbeiführen und bewusst über Alternativen nachdenken, die realisierbar sind und keine bloßen Träumereien von etwas das hätte sein können. Alternativ könnte er innehalten und seinen Frieden mit der Berufswahl machen und lernen, auch die positiven Aspekte seiner Arbeit zu sehen und diese bewusster zu nutzen. Ausharren in Untätigkeit und trüben Gedanken, erscheint mir die denkbar schlechteste Wahl zu sein. Es ist bei Lichte auch keine Wahl, die er trifft, sondern ein ängstliches Ausharren ohne Ziel und Richtung.

Zu einem bewussten Umgang mit der wertvollen Ressource Zeit gehört auch, sich darüber klar zu werden, mit welchen Menschen man seine Zeit verbringen möchte. Das hängt letztendlich auch mit der Frage zusammen, welchen Einflüssen Sie sich aussetzen wollen. Es gibt Menschen, die einen inspirierenden und menschlich bereichernden Einfluss auf andere haben und es gibt leider auch solche Menschen, die anderen Schaden zufügen und die Zeit stehlen. Es kann hilfreich sein, ganz bewusst innezuhalten und Bilanz zu ziehen, mit welchen Menschen man im Wesentlichen seine Zeit verbringt und sich selbst mit der Frage zu konfrontieren, ob diese Zeit gut investiert ist oder ob eine Umverteilung der Zeitkontingente angezeigt ist.

Der bewusste Umgang mit Zeit ist auch ein entscheidender Faktor für die persönliche und berufliche Weiterentwicklung. Auch hier lauert die lähmende Macht der Gewohnheit, die uns vergessen lässt, dass wir viel mehr Möglichkeiten und Chancen haben als uns bewusst ist. Wenn Sie z.B. drei Stunden täglich vor dem Fernseher verbringen, dann werfen Sie wertvolle Zeit weg. Ich möchte Sie zu einem Experiment ermuntern: Verzichten Sie nur eine Woche lang vollständig auf Fernsehkonsum und machen Sie die Erfahrung, plötzlich große Freiräume an Zeit zu gewinnen. Diese Zeit können Sie nutzen, um über Ihre Weiterentwicklung nachzudenken und ganz konkret auch darüber, was Sie mit der gewonnenen Zeit tun wollen. Das kann z.B. Sport treiben oder die Ausübung eines neuen Hobbies sein. Denkbar ist auch, dass Sie ganz bewusst mehr Zeit mit Menschen verbringen, die Ihnen wichtig sind.

Abschließend möchte ich noch auf einen sehr wichtigen Aspekt zu sprechen kommen: Die Einstellung eines Menschen zur Vergangenheit, zur Gegenwart und zur Zukunft. In dem Zitat des römischen Philosophen Seneca zu Beginn dieses Kapitels ist das Thema schon angeklungen. Die Kategorien Vergangenheit und Zukunft sind Konstruktionen des menschlichen Denkens, die über die kognitiven Fähigkeiten des Gehirns zum Gegenstand der Betrachtung in der Gegenwart werden können. Das klingt zunächst einmal banal und wenig spektakulär. Gleichwohl ist es ein sehr wichtiger Punkt, wie ich in der Gegenwart meinen Blick auf die Vergangenheit und auf die Zukunft richte. Es gibt Menschen, die scheinbar nie wirklich bewusst in der Gegenwart sind, sondern gedanklich stets in der Vergangenheit oder in der Zukunft. Dadurch bekommen sie häufig nicht richtig mit, was in der Gegenwart gerade passiert und was zu tun ist. Das kann in bedenkliche Zustände mit Krankheitswert übergehen, wenn Menschen viel Zeit damit verbringen, darüber zu grübeln, was in der Vergangenheit falsch gelaufen ist und wie ihr Leben hätte sein können, wenn sie diese oder jene vermeintliche Fehlentscheidung nicht getroffen hätten. Ein solches Verhalten ist gleich aus mehreren Gründen schädlich: Zum ersten verhindert es, sich bewusst mit der einzig real existierenden Gegenwart zu befassen und aktiv Einfluss auf das Leben zu nehmen. Zum zweiten verbraucht diese Grübelei mentale Energie ohne irgendeinen Vorteil. Und schließlich erzeugt sie schlechte Stimmung, weil man von Reue und Gram geplagt wird wegen vermeintlich oder tatsächlich verpasster Chancen in der Vergangenheit. Es gibt noch einen weiteren Aspekt, der zeigt, wie wenig hilfreich das theoretische Grübeln über alternative Verläufe der Vergangenheit ist. Nehmen wir ein Beispiel: Ein Mann denkt, dass er die falsche Partnerin gewählt hat und malt sich aus, wie sein Leben hätte verlaufen können, wenn er stattdessen eine vermeintlich ideale Partnerin gewählt hätte. Dabei unterstellt er gedanklich (häufig unbewusst), dass alle positiven Ereignisse der Vergangenheit bestehen bleiben und nur die negativen Ereignisse verschwinden und durch positive Alternativereignisse ersetzt werden. Das ist jedoch ein Denkfehler, weil alles mit allem kausal zusammenhängt. Der vorgestellte Sachverhalt erzeugt eine Collage von realen Ereignissen und vorgestellten Ereignissen, die so in der Vergangenheit gar nicht in Kombination hätte auftreten können. Denn eine andere Partnerin hätte zu anderen und vielleicht viel größeren Problemen an anderen Stellen führen können, so dass reale positive Ereignisse in der Vergangenheit ebenfalls ausgeblieben wären. Unter dem Strich ist der vorgestellte alternative Verlauf der Vergangenheit daher irreal und irreführend und hat im Ergebnis Null Erkenntniswert. Die Betrachtung der Vergangenheit unter diesem Blickwinkel schadet sogar massiv, weil sie den Blick für die positiven Ereignisse in der Vergangenheit verstellt und darüber hinaus verhindert, dass man sich mit der Gegenwart befasst. Es ist viel klüger, die Vergangenheit als nicht veränderlich zu betrachten und für das Handeln in der Gegenwart als Konstante zugrunde zu legen.

Dann gibt es schließlich noch die Fraktion der Menschen, die gedanklich vorwiegend in der Zukunft unterwegs sind. Bis zu einem gewissen Grad ist es durchaus richtig, sich mit der Zukunft zu befassen. Dazu gehört zum Beispiel die Festlegung von Zielen, die man in der Zukunft erreichen möchte. Bedenklich wird es jedoch dann, wenn die Gegenwart aus dem Blickfeld verschwindet, weil sie über große Zeiträume hinweg von einem imaginär vorgespulten Film mit zukünftigen Ereignissen überlagert wird. Denn konkretes und aktives Handeln kann nur in der Gegenwart stattfinden. Besonders schädlich ist es, wenn Menschen bei der Fokussierung auf die Zukunft vorwiegend die Möglichkeit negativer Entwicklungen durchdenken und sich dadurch in eine ängstliche und sorgenvolle Stimmung versetzen. Die derart erzeugte Stimmungslage führt dann dazu, dass die vorgestellten Ereignisse in der Zukunft einen negativen Drall bekommen mit dem Ergebnis einer lähmenden Angst in der Gegenwart, die jede sinnvolle Aktion und Entscheidung blockieren kann. Bei depressiv verstimmten Menschen kann das auch zum sogenannten „Katastrophisieren" führen: Aus einem negativen Ereignis in der Gegenwart werden gedanklich zahlreiche negative Folgen abgeleitet und zu einem katastrophalen Ausblick auf die Zukunft aufgebauscht. Es liegt auf der Hand, dass das nicht hilfreich ist. Viel sinnvoller wäre es stattdessen, in der Gegenwart die Aufmerksamkeit und Kraft darauf zu lenken, das konkrete Problem einer schnellen Lösung zuzuführen. Daher sollte der Blick stets in erster Linie auf die Gegenwart gerichtet sein. Der Volksmund bringt das mit der folgenden Spruchweisheit zum Ausdruck: *„Beherrsche den Augenblick und die Welt liegt Dir zu Füßen!"*

Damit können wir als Fazit festhalten, dass ein auf die Gegenwart fokussiertes Bewusstsein ein wichtiges Fundament für ein erfolgreiches und glückliches Leben ist. Diese Erkenntnis ist übrigens nicht neu, sondern schon ca. 2.500 Jahre alt. Sie stammt nicht etwa aus der modernen Psychologie, sondern ist wesentlicher Bestandteil buddhistischen Denkens. Buddhisten bezeichnen die Fokussierung des Geistes auf die Gegenwart als **Achtsamkeit**.[7]

---

[7] Dazu finden Sie weitere Informationen in dem Kapitel 22 mit der Überschrift „22. Das Konzept der Achtsamkeit" und in dem Kapitel 13 mit der Überschrift „13. Haben Glück und Erfolg etwas mit Religion zu tun?".

12. Warum in die Ferne schweifen, wenn das Glück so nah liegt?

Ein Farmer hörte, dass viele seiner Nachbarn ihre Farmen verkauften, um an einem anderen Ort Edelsteine zu schürfen. Es hieß, dass dort schon viele reich geworden waren durch legendäre Funde. Also entschied er sich, seine Farm zu verkaufen, um auch an diesen verheißenen Ort zu ziehen und Edelsteine zu schürfen. Nach einem Monat angestrengter Suche hatte er nichts gefunden außer Geröll und wertlosen Feuersteinen. Auch nach 6 Monaten blieb seine Suche noch immer erfolglos. Als er auch nach einem Jahr noch immer keinen einzigen Edelstein gefunden hatte, erhängte er sich aus Verzweiflung an einem Baum. Der Mann hingegen, der seine Farm gekauft hatte, wunderte sich über die Steine, die auf dem Land lagen. Er nahm einen der Steine und ließ ihn von einem Experten untersuchen. Dieser teilte ihm mit, dass es sich um Rohdiamanten handele. Es gab jede Menge dieser Steine auf dem Gelände der Farm. Bisher hatte niemand die Steine für wertvoll gehalten, weil sie unscheinbar waren.

Sie werden sicherlich schon beim Lesen dieser Anekdote verstanden haben, was die Moral von der Geschichte ist. Viele Menschen verkennen den Wert ihrer noch nicht entwickelten Talente und Fähigkeiten und suchen das Glück überall in der Ferne oder beim Nachbarn und nur nicht dort, wo es wirklich liegt. Die größten Schätze liegen tatsächlich direkt vor Ihrer Haustür oder vielmehr in Ihnen, d.h. in Ihrer Persönlichkeit und in Ihren Fähigkeiten. Noch nicht entwickelte und erkannte Fähigkeiten gleichen unscheinbaren Rohdiamanten. Sie müssen geschliffen werden, um ihren Glanz zu entfalten. Dieses Bild beschreibt es sehr treffend. Denn etwas Mühe kostet der Prozess schon. Aber es lohnt sich, denn die Mühe bringt etwas extrem Wertvolles und Schönes zum Vorschein. Es gibt kaum etwas Segensreicheres für einen Menschen als die Entdeckung und Entwicklung seiner Talente.

Die Anekdote gibt uns darüber hinaus noch einen wertvollen Fingerzeig: Das wertvollstes Geschenk des Lebens besitzen wir bereits. Wir müssen nicht ausziehen, um es in der Ferne zu suchen. Wir müssen es nur erkennen und nutzen. Vielleicht denken Sie beim Lesen dieser Zeilen, dass Sie wohl kaum über irgendwelche Talente und Fähigkeiten verfügen, die Sie erfolgreich machen könnten. Und dabei irren Sie sich. Jeder Mensch verfügt über Fähigkeiten, die sich entwickeln lassen und Erfolg und Glück bringen können. Allerdings muss man klug genug sein, sich nicht ständig mit anderen zu vergleichen. Auch das ist eine Botschaft der Anekdote. Der Farmer erkannte den Wert seines Landes nicht, weil er sich mit vermeintlichen Glückspilzen verglich, die angeblich in der Ferne glücklich und reich geworden waren. Durch diesen Fehler des Vergleichens und der Wahl eines ungeeigneten Vergleichsmaßstabes hat der Farmer die Weichen auf Unglück gestellt. In der Tat führt ein ständiges Vergleichen mit anderen und die Hege und Pflege von Neidgedanken nicht zum Glück und zum Erfolg. Es wird immer Menschen geben, die mehr Geld haben als Sie und die vermeintlich glücklicher sind. Das ist jedoch kein Maßstab für Sie. Mit anderen Worten: Es gibt überhaupt keinen Grund, unglücklich und unzufrieden zu sein, weil andere mehr Geld und ein größeres Haus und ein teureres Auto haben. Das hat mit Ihrer Zufriedenheit und Ihrem Glück überhaupt nichts zu tun. Wenn Sie das begreifen, dann schalten Sie eine Quelle für schlechte Gedanken und Gefühle ab und machen den Geist frei, um sich auf die entscheidenden Baustellen zu konzentrieren: Die unscheinbaren Steine auf Ihrem Land, die gefunden und geschliffen werden müssen bzw. Ihre Talente und Fähigkeiten, die erkannt und entwickelt werden wollen.

13. Haben Glück und Erfolg etwas mit Religion zu tun?

Ich denke, dass Religion großen Einfluss auf die Gedanken- und Gefühlswelt von Menschen hat und damit ein wichtiger Faktor ist, der das persönliche Glücks- und Erfolgsniveau beeinflusst.

Auch in der Bibel finden sich Ausführungen, die etwas über Erfolg aussagen. Ihnen ist sicherlich das Gleichnis von Jesus Christus über die Talente in Erinnerung geblieben, das in zwei Evangelien enthalten ist:[8]

Ein Herr geht auf Reisen und vertraut seinen drei Dienern Geld zur Verwaltung an. Dem ersten gibt er 5 Talente, dem zweiten 2 und dem dritten 1 Talent. Nach der Rückkehr des Herrn legen die Diener Rechenschaft ab. Der erste Diener hat 5 Talente hinzugewonnen und wird dafür vom Herrn gelobt und mit der Herrschaft über 10 Städte belohnt. Der zweite Diener hat 2 Talente hinzugewonnen und wird ebenfalls gelobt und mit der Herrschaft über 5 Städte belohnt. Der dritte hat das ihm anvertraute Talent aus Angst, etwas falsch zu machen, vergraben und kann folglich keinen Zugewinn vorweisen. Der

---

[8] Ich verweise dazu auf die folgenden Fundstellen: Matthäusevangelium 25,14–30 und Lukasevangelium 19,12–27. Die Erzählungen in den beiden Evangelien weichen ein wenig voneinander ab, enthalten jedoch im Kern die gleiche Botschaft.

Herr ist erbost und schilt den Diener, dass er faul gewesen sei und straft ihn ab, indem er ihm das eine Talent wegnehmen und dem tüchtigsten Diener geben lässt, der 5 Talente hinzugewonnen hatte. Außerdem wirft er den dritten Diener aus dem Haus.

Dieses Gleichnis kann man durchaus als Fingerzeig und Einladung verstehen, die eigenen Talente zu nutzen und aus dem Leben das Bestmögliche zu machen. Interessant sind die Beurteilungsmaßstäbe des Herrn. Mit dem ersten Diener ist er zufrieden, weil er für jedes Talent ein weiteres hinzugewonnen hat. Mit dem zweiten Diener ist er ebenfalls zufrieden, weil er etwas Vergleichbares geleistet hat und zu jedem Talent eines hinzugewonnen hat. Er hat nicht etwa vom zweiten Diener erwartet, dass dieser mit 2 Talenten genau wie der erste Diener 5 weitere hinzugewinnt. Vielmehr war ausreichend, dass er nur so viele Talente hinzugewinnt wie er erhalten hat. Daher ist der Maßstab des Herrn in dieser Hinsicht durchaus fair. Er erwartet von keinem der Diener etwas Unmögliches und misst sie an den ihnen zur Verfügung gestellten Mitteln. Damit wird zum Ausdruck gebracht, dass ein Mensch nur die Leistung erbringen muss, die ihm möglich ist. Die von der Natur gegebenen Talente geben die Möglichkeiten und die Verpflichtungen vor. Damit wird ein Menschenbild demonstriert, das auf Leistung ausgerichtet ist und der zutreffende Maßstab wird gleich mitgeliefert. Es ist ein individueller Maßstab, der sich nach der individuellen Leistungsfähigkeit richtet. Auch das ist eine wichtige Botschaft in dem Gleichnis.

Sehr interessant ist die von dem dritten Diener gegebene Begründung, warum er das ihm anvertraute Talent nicht genutzt hat. Er gibt an, aus Angst vor Fehlern gar nichts gemacht zu haben. Auch darin steckt eine Botschaft. Angst ist ein schlechter Ratgeber. Aus Angst in Untätigkeit zu verharren, ist die schlechteste Wahl. Denn keinesfalls gilt der Grundsatz: Wer nichts macht, macht nichts falsch. Vielmehr macht man dann in der Regel alles falsch. Das dürfte eine der Kernbotschaften des Gleichnisses sein. Gleichwohl handeln erschreckend viele Menschen nach diesem Motto und warten lieber auf Befehle und Anweisungen, als aus eigenem Antrieb tätig zu werden und ihr Schicksal in die Hand zu nehmen.

Werfen wir einen Blick auf das Menschen- und Weltbild anderer Religionen, um zu sehen, welche Erkenntnisse sich daraus gewinnen lassen: Mitte 2016 habe ich in der Wirtschaftswoche den Abdruck eines Interviews mit dem renommierten Politik- und Islamwissenschaftler Prof. Bassam Tibi gelesen.[9] Prof. Tibi ist selbst Moslem und war von 1973 bis 2009 Professor für Internationale Beziehungen an der Universität Göttingen. Als Gastprofessor hat er darüber hinaus Lehraufträge an Eliteuniversitäten (u.a. Harvard University) rund um den Globus gehabt. In dem Interview geht es um die interessante Frage, was die Ursache für die schlechtere wirt-

---

[9] Das komplette Interview können Sie im Internet nachlesen unter dem folgenden Kurzlink: https://goo.gl/CE7pfU

schaftliche Entwicklung in islamischen Staaten ist. Prof. Tibi sieht die Ursache in dem Gottes- und Menschenbild des Islam. Ich zitiere wörtlich aus dem Interview:

„...Das Problem für die wirtschaftliche Entwicklungsfähigkeit ist das Menschenbild des Islam, das sich vom europäischen sehr unterscheidet. Im Islam gehört der Mensch immer zu einem Kollektiv. Ich selbst habe auch erst in Frankfurt gelernt, dass ich ein Individuum bin. Für Immanuel Kant gehört zu diesem Prinzip des Individuums, dass der Mensch autonom ist, also verantwortlich für sein Verhalten. Im Islam ist es umgekehrt: Ich bin ein ‚Makhluq‘, ein Geschöpf Gottes. Allah steuert mich. Wenn ich Erfolg habe, ist es der Wille Gottes...".

Das ist eine sehr interessante Aussage. Wenn man diese mit der Aussage der Bibel in dem Gleichnis über die Talente vergleicht, so wird deutlich, dass es sich um vollständig unterschiedliche Menschenbilder handelt. Das islamische Menschenbild geht gefährlich in die Richtung, Erfolg lediglich als zufällig anzusehen und nicht als Ergebnis des Einsatzes individueller Fähigkeiten und Anstrengungen. Dass eine solche Betrachtungsweise nicht geeignet ist, Erfolgs- und Leistungswillen anzufachen, liegt auf der Hand.

Werfen wir nun einen Blick auf das Menschen- und Weltbild des Buddhismus: Der Buddhismus ist wesentlich älter als der Islam und das Christentum. Die Ursprünge liegen im 5. oder 6. Jahrhundert vor Christus. Die genauen Lebensdaten des Buddha sind nicht bekannt. Einige Datierungen von Historikern liegen im 5.

Jahrhundert, einige im 6. Jahrhundert v. Chr. Der Buddhismus ist keine Religion im klassischen Sinne. Er ist
vielmehr eine Denktradition und Philosophie. Buddha
sah sich weder als Gott noch als Überbringer der Lehre
eines Gottes. Er stellte klar, dass er die gelehrten Einsichten vielmehr durch Meditation selbst erlangt habe. Im
Kern besteht die Lehre aus dem Verständnis der Natur
des eigenen Geistes und der Natur aller Dinge, um unnö-
tiges Leiden zu vermeiden und in Harmonie mit sich und
der Umwelt zu leben. Wenn man so will, war es eine
frühe Form der Psychologie. Buddha gab die Erkenntnisse in Form von Lehrreden an jeden Interessierten weiter
und erklärte, dass die Erleuchtung jedem zugänglich sei,
der seiner Lehre und Methodik folge. Er warnte vor blin-
der Autoritätsgläubigkeit und hob die Selbstverantwor-
tung des Menschen hervor. Eine weitere Besonderheit
ist, dass der Buddhismus nicht jenseitsbezogen sondern
diesseitsbezogen ist. Der Fokus ist auf das Leben des
Menschen in der Gegenwart gerichtet und nicht auf die
Zukunft in einem Jenseits. Ein wichtiger Schlüssel zum
Verständnis des Buddhismus ist das Konzept der Achtsamkeit. Damit ist die Fokussierung des Bewusstseins
auf die Gegenwart und auf eine vorurteilsfreie und nicht
bewertende Betrachtung des eigenen Geistes und der
Welt gemeint.

Da der Buddhismus nicht von einer Gottheit abgeleitet ist, tritt er naturgemäß nicht in Konkurrenz zu anderen Religionen. Buddhisten sehen daher überhaupt keine
Notwendigkeit, andere Religionen zu verwerfen, denn
aus ihrer Sicht schließen die anderen Religionen das

buddhistische Weltbild weder ein noch aus. Es geht dem Buddhisten vielmehr darum, die Welt und das Wesen der Dinge und letztlich auch sich selbst besser zu verstehen, um in Harmonie zu leben und inneren Frieden zu finden. Leider wird Buddhismus häufig missverstanden in diesem Punkte. Schlecht informierte Leute kritisieren, dass Buddhismus zu introvertiert sei und eine bloße Selbstbespiegelung, die die Welt nicht besser mache. Dabei verkennen sie, dass Meditation und Achtsamkeit keineswegs nur ichbezogen sind, sondern zum besseren Verständnis der Welt und auch anderer Menschen beitragen sollen. Unter diesem Blickwinkel dürfte der Buddhismus eine sehr praktische Religion sein, weil er Menschen einlädt, die Augen zu öffnen, um ein besseres Verständnis des eigenen Geistes und auch des Geistes anderer Menschen zu erlangen.

Wir sehen also, dass der Buddhismus den Menschen im Diesseits ins Zentrum der Betrachtung stellt und sogar auf eine Gottheit als Bezugspunkt vollständig verzichtet. Das ist ein Ansatzpunkt, der für ein besseres Verständnis der eigenen Persönlichkeit und der eigenen Stärken und Schwächen sehr geeignet erscheint. Und tatsächlich ist es ja auch der Anspruch des Buddhismus, Menschen Lösungen für die Beseitigung von Leid im Diesseits anzubieten. Dabei setzt er nicht auf eine Veränderung der Außenwelt, sondern auf eine Änderung der inneren Einstellungen. Verständnis und Einsicht (mit anderen Worten: Erleuchtung) werden als Weg aufgezeigt. Es ist verblüffend, dass dieses Konzept widerspruchsfrei zu Forschungsergebnissen der modernen

Psychologie und Medizin passt. Ich erinnere in diesem Zusammenhang noch einmal an die oben von Prof. Barnow vorgestellten Forschungsergebnisse in dem Buch „Gefühle im Griff". Darin wird berichtet, dass es tatsächlich innere Einstellungen sind und nicht äußere Ereignisse, die langfristig und nachhaltig den Grad der Zufriedenheit eines Menschen bestimmen. Damit ist der Ansatzpunkt des Buddhismus vor dem Hintergrund moderner Forschungsergebnisse tatsächlich die richtige Baustelle, um das Glücksgefühl nachhaltig positiv zu beeinflussen. Das ist ein beeindruckendes Phänomen, wenn man bedenkt, dass dieses Gedankengut ca. 2.500 Jahre alt ist.

14. Unsere Ziele bestimmen unsere Richtung und unser Wachstum

Es war einmal ein armer Reisbauer, der trotz harter Arbeit nichts erreicht hatte. Eines Abends begegnete ihm eine Wunschfee. Sie sagte zum Bauern: "Ich bin die Wunschfee. Ich kann Dir helfen. Ich werde Dich auf den Wunschberg bringen damit Du Dir aussuchen kannst, was Du möchtest." Sie führte ihn zu einem prächtigen Tor auf dem die Worte prangten, dass Wünsche in Erfüllung gehen können. Der Bauer trat durch das Tor. Die Wunschfee erklärte ihm, dass sie ihm nun zeigen werde, was er sich wünschen kann. Sie betraten nacheinander mehrere prächtige Räume eines verwunschenen Schlosses.

Die Fee sprach: „Im ersten Raum siehst Du das Schwert des Ruhms. Wenn Du Dir das wünschst, wirst Du ein mächtiger Kriegsherr, der von Sieg zu Sieg eilt und in die Geschichte eingeht. Willst Du das?" Der Bauer zögerte und sagte, dass er nicht sicher sei und bat die Fee, ihm die anderen Räume zu zeigen.

Im zweiten Raum zeigte sie dem Bauern das Buch der Weisheit und erklärte ihm: "Wenn Du Dir das wünschst, dann werden sich Dir alle Geheimnisse des Himmels und der Erde offenbaren." Der Bauer zögerte erneut und sagte, dass er nicht sicher sei und bat die Fee, ihm die anderen Räume zu zeigen.

Im dritten Raum schließlich zeigte die Fee dem Bauern ein Kästchen aus purem Gold und erklärte: „Das ist die Schatzkiste des Reichtums. Wenn Du Dir diese wünschst, dann wird Dir das Geld zufliegen, egal ob Du arbeitest oder nicht." Der Bauer zögerte erneut und sagte, dass er nicht sicher sei und bat die Fee, ihm weitere Räume zu zeigen.

Die Fee teilte ihm darauf mit, dass es keine weiteren Räume gebe. Er müsse sich nun entscheiden. Der Bauer ging von einem Raum zum anderen und konnte sich nicht entscheiden. Die Fee drängte ihn noch einmal, eine Wahl zu treffen und er entgegnete ihr wieder, dass er sich nicht entscheiden könne. Im nächsten Augenblick fand er sich vor dem verschlossenen Tor des verwunschenen Schlosses wieder. Die Fee erklärte ihm: "Du armer Bauer! Wie Du sind die meisten Menschen. Sie wissen nicht, was sie sich wünschen sollen und können sich nicht entscheiden. Weil sie alles wollen, bekommen sie am Ende nichts."

Erinnern Sie sich noch an das Vorstellungsgespräch, das Sie zur Erlangung Ihres jetzigen Jobs geführt haben? Wahrscheinlich hat man Ihnen auch die Frage gestellt, wo Sie sich in 5, 10 und 15 Jahren sehen. Kluge Personalentscheider stellen in jedem Vorstellungsgespräch diese Frage. Auf den ersten Blick mag sie harmlos und unwichtig erscheinen. Denn schließlich weiß niemand, wie die Welt in der Zukunft aussehen wird und wo man sich selbst dann befindet. Darum geht es auch gar nicht. Es geht vielmehr darum, herauszufinden ob sich der Kandidat Ziele gesetzt hat und weiß, wohin er will. Denn wer ein Ziel vor Augen hat und dieses konsequent verfolgt, ist in der Regel erfolgreicher und leistungsfähiger als jemand, der auf Befehle und Anweisungen wartet, ohne sich Gedanken über seine Ziele zu machen. Deshalb ist es richtig und klug, einem Bewerber diese Frage zu stellen. Aber es ist noch richtiger, sich diese Frage unabhängig von Vorstellungsgesprächen selbst zu stellen. Denn es geht um etwas sehr Entscheidendes. Es geht darum, was Sie im Leben erreichen wollen. Dabei kann es hilfreich sein, die eigene Zielsetzung auf verschiedene Lebensbereiche aufzuteilen und für jeden Bereich Teilziele zu definieren. Es sollte aber auch übergeordnete Zielsetzungen geben.

Es ist wichtig, dass es sich um wahrhaftig angestrebte Ziele handelt, die Sie aus ganzem Herzen verfolgen. Denn sonst sind es leere Worthülsen, die nicht wirklich Orientierung geben können. Denken Sie daher gründlich nach und führen Sie Gespräche mit Ihren wichtigsten Vertrauenspersonen, um auch deren Meinung zu hören. Aber es sollten am Ende des Tages Ihre eigenen Ziele sein, die Sie für sich definieren. Denn nur Sie allein können letztverbindlich beurteilen, ob es wirklich Ihr persönliches Ziel ist, für dass Sie bereit sind, Ihre ganze Kraft einzusetzen.

> *„Die Menschen sind nicht faul. Sie haben bloß keine Ziele, die es sich zu verfolgen lohnt."*
> **Anthony Robbins**

Die Definition eines Ziels bedeutet nicht, dass Sie stur auf das Ziel fixiert sind und sonst nichts mehr mit-

bekommen. Sie müssen auf dem Weg flexibel auf unvor-
hergesehene Situationen reagieren und sich offen halten
für neue Erkenntnisse. Tastsächlich kann es passieren,
dass Sie nach einiger Zeit feststellen, dass Sie eine Ziel-
marke definiert haben, die falsch ist. Dann sollten Sie
flexibel sein und den Kurs korrigieren. Das Leben ist ein
Prozess ständiger Veränderung. Unsere Umwelt verändert sich laufend und auch wir selbst verändern uns.
Daher ist die Bereitschaft zur Anpassung von Zielen
unverzichtbar und wichtig. Auf keinen Fall sollten Sie
ziellos umherirren. Ich wage die Behauptung, dass ein
Mensch ohne Ziele weder glücklich noch erfolgreich sein
kann. Ein Menschenleben braucht Richtung und Orientierung. Dazu gehören selbstverständlich auch Ziele.

Ziele können auch abstrakt sein im Sinne von Prinzipien und moralischen Grundwerten. Wenn Sie sich z.B.
das Ziel setzen, mit Ihren engsten Angehörigen und
Freunden ehrlicher zu sein und möglichst authentisch zu
äußern, was Sie richtig und was Sie falsch finden und
was Sie persönlich möchten und erwarten, dann ist das
kein Ziel im Sinne eines Meilensteins, der zu einem bestimmten Zeitpunkt erreicht wird. Es ist vielmehr ein
Ziel für Ihr Kommunikationsverhalten, das laufend zum
Gradmesser Ihres Handelns wird. Wie Sie sehen, können
Zielsetzungen nicht nur zur Fokussierung von Energie
und Kraft beitragen, sondern auch das Bewusstsein erweitern für entscheidende Aspekte der Interaktion mit
Ihrer Umwelt. Dabei handelt es sich ebenfalls um eine
sehr wichtige Orientierungsmarke für ein erfolgreiches
und glückliches Leben.

Zum Schluss möchte ich Ihnen noch den Rat geben, Ihre Ziele aufzuschreiben und dabei zwischen langfristigen und kurzfristigen Zielen einerseits und zwingenden Zielen und nicht zwingenden Zielen („nice to have") andererseits zu unterscheiden. Bei der Definition von kurzfristigen Zielen, die Sie als zwingend einstufen, müssen Sie mit Bedacht vorgehen. Denn wenn Sie diese Ziele zu ambitioniert festlegen, dann programmieren Sie sich auf Frustrationserlebnisse, die Ihr Selbstbewusstsein beschädigen können. Wenn Sie ständig Ihre kurzfristigen Ziele verfehlen, wird es Ihnen schwer fallen, noch an die Erreichung Ihrer Langfristziele zu glauben.

Bei der Definition der langfristigen Ziele sollten Sie ambitioniert sein und die Ziele lieber zu groß als zu klein wählen. Anderenfalls begrenzen Sie Ihr Wachstum und Ihre Entwicklungsmöglichkeiten. Außerdem stellt sich häufig heraus, dass man mehr leisten kann als man denkt. Wenn Sie bereits ein überdurchschnittlich erfolgreicher Mensch sind, werden Sie mir ohne weiteres zustimmen in diesem Punkt. Denn wenn Sie auf Ihr bisheriges Leben zurückblicken, werden Sie genau das feststellen. Sie konnten viel mehr erreichen als Sie damals für möglich gehalten haben. Was in der Vergangenheit möglich war, kann auch in der Zukunft möglich sein.

15. Stärken ausbauen und mit Schwächen leben lernen

Jeder Mensch hat Stärken und Schwächen. Ein geschickter Umgang mit beiden Eigenschaften ist unverzichtbar für überdurchschnittlichen Erfolg. Es wäre z.B. nicht sinnvoll, Ihre Stärken unentwickelt zu lassen und sich stattdessen ausschließlich darauf zu konzentrieren, Ihre Schwächen abzumildern. Das würde Sie zu einem stereotypen Durchschnittsmenschen ohne Ecken und Kanten machen, aber sicherlich nicht überdurchschnittlichen Erfolg nach sich ziehen. Viel wichtiger ist, sich auf die eigenen Stärken zu konzentrieren und diese zu entwickeln und zur vollen Entfaltung zu bringen.

Es wäre allerdings auch falsch, Ihre Schwächen vollständig aus dem Blick zu verlieren. Denn Ihre Schwächen können Ihnen zum Verhängnis werden und einen Erfolg zunichtemachen. Wenn Sie z.B. erkannt haben, dass Sie ungeduldig sind und schnell ärgerlich werden, dann sollten Sie bewusst mit diesen Schwächen leben lernen und sorgfältig darauf achten, dass Ihnen diese nicht zum Verhängnis werden. Sie können sich z.B. einen Geschäftspartner suchen, der diese Schwächen kompensiert und Ihnen den Rücken freihält. Wenn dann z.B. schwierige und wichtige Verhandlungen zu führen sind, dann sollten Sie sich zurückhalten und besser den Geschäftspartner an die Front schicken.

Der Erfolg von Unternehmen beruht auch maßgeblich darauf, dass der Geschäftsführer dafür sorgt, dass jeder möglichst das tut, was er am besten kann. Häufig ist es so, dass die Schlüsselfiguren auf der Geschäftsführungsebene sich gegenseitig perfekt ergänzen indem sie ihre Stärken bündeln und ihre Schwächen ausgleichen. So entsteht in der Summe aus der Teamleistung deutlich mehr als wenn die Menschen ohne Rücksicht auf Stärken und Schwächen eingesetzt werden.

Nehmen Sie z.B. einen frustrierten Verkäufer in einem Kaufhaus. Jeder hat solche Erfahrungen gemacht und kann ein Lied davon singen: Als Kunde interessiert man sich für ein bestimmtes Produkt und sucht einen Verkäufer, der eine Beratung geben kann. Wenn Sie merken, dass der Verkäufer keine Freude an seiner Arbeit hat und eigentlich gar nicht bei der Sache ist, dann ist man als Kunde plötzlich auch nicht mehr in der Stimmung, das gesuchte Produkt in diesem Laden zu kaufen. Der gleiche Verkäufer würde vielleicht in der Buchhaltung einen guten Job machen, wenn er besser mit Zahlen umgehen kann als mit Menschen. Er ist also nicht in jedem Fall nutzlos für das Unternehmen. Er ist jedoch nutzlos bei der Ausübung seiner Tätigkeit als Verkäufer im direkten Kontakt mit Kunden.

16. Die Macht Ihrer Gedanken

Ein Mann suchte einen weisen Eremiten in den Bergen auf und fragte ihn, was er ihm raten könne für sein Leben. Der Eremit sagte: „In jedem von uns tobt der Kampf zwischen zwei Wölfen. Der eine ist böse. Er ist Neid, Eifersucht, Bedauern, Gier, Arroganz, Schuld, Ärger und Egoismus. Der andere ist gut. Er ist Frieden, Liebe, Hoffnung, Gelassenheit, Demut, Güte, Mitgefühl, Großzügigkeit und Wahrheit." Der Mann dachte darüber nach und fragte den Eremiten: „Und welcher Wolf gewinnt den Kampf?" Der Eremit antwortete: „Es gewinnt der Wolf, den Du fütterst."

Sie ahnen, was diese Geschichte zum Ausdruck bringen will. Gleichwohl möchte ich es noch ein wenig erklären: Die Ausrichtung unserer Gedanken ist entscheidend für unser Leben. Darüber ist schon viel geschrieben worden in der Menschheitsgeschichte. Und es ist und bleibt wahr, dass unsere Gedanken unserem Leben eine gute oder eine schlechte Richtung geben können.

Alle in der Anekdote aufgezählten positiven und negativen Geisteshaltungen sind letztendlich das Ergebnis von Gedanken. Die meisten Menschen begreifen den Zusammenhang, dass schlechte Gefühle schlechte Gedanken verursachen können. Viel wichtiger ist jedoch die Erkenntnis, dass auch umgekehrt ein kausaler Zusammenhang besteht. Schlechte Gedanken erzeugen ihrerseits schlechte Gefühle. Dieser Ursachenzusammenhang wird erstaunlicherweise häufig übersehen. Viele Menschen sehen schlechte Gefühle ausschließlich als Ergebnis von schlechten Erfahrungen und Ereignissen in der Außenwelt. Tatsächlich sind sie viel häufiger das Ergebnis schlechter Gedanken. Diese Erkenntnis ist sehr wichtig. Denn sie zeigt die entscheidende Baustelle, auf der die Weichen in eine gute oder eine schlechte Richtung gestellt werden.

> *„Die einzigen wirklichen Feinde eines Menschen*
> *sind seine eigenen negativen Gedanken."*
> **Albert Einstein**

Menschen fühlen sich schlechten Gefühlen machtlos ausgeliefert, weil sie die Ursache derselben und namentlich den Zusammenhang mit schlechten Gedanken nicht erkennen. Fatal wird es, wenn auf der Grundlage von schlechten Gefühlen wichtige Entscheidungen gefällt werden. Solche Entscheidungen stellen sich in den allermeisten Fällen später als falsch heraus.

Tatsächlich hat jeder Mensch viel mehr Einfluss auf seine Gedanken und damit auch auf seine Gefühle als die meisten für möglich halten. Wer guten Gedanken Raum gibt und diese bewusst pflegt, entzieht damit schlechten Gefühlen wie Angst und Neid die Nahrung. Außerdem kann man damit den negativen Kreislauf durchbrechen, dass negative Gefühle ihrerseits negative Gedanken begünstigen. Das Füttern des einen oder anderen Wolfes in der Anekdote zielt genau auf diesen Ursachenzusammenhang ab. Durch die Programmierung Ihrer Gedanken in eine gute oder eine schlechte Richtung entscheiden Sie, ob der gute oder der böse Wolf den Kampf gewinnt.

Die Erkenntnis dieser Zusammenhänge ist schon sehr alt. Genau genommen mehr als 2.500 Jahre alt. Sie geht zurück auf buddhistisches Gedankengut aus dem 5. und 6. Jahrhundert vor Christus. Buddha hatte erkannt, dass aggressive und negative Gedanken in erster Linie demjenigen schaden, der sie hegt. Wer hingegen seinen Geist auf Harmonie, Mitgefühl und Frieden programmiert, der kann den Kreislauf von Wut, Ärger, Hass und Leid durchbrechen und mental ins Gleichgewicht kommen.

Durch geschickte Programmierung auf positive Gedanken können Sie jedoch nicht nur Leid und Ungemach vermeiden. Sie können auch Ihre Chancen auf überdurchschnittlichen Erfolg steigern. Denn Sie verschwenden keine mentalen Energien mehr mit negativen Gefühlen und Gedanken und können Ihre ganze Kraft auf die Erreichung Ihrer Ziele richten. Ein unruhiger Geist und eine negativ eingefärbte Stimmungslage binden erschreckend viel Lebenskraft. Wenn Sie diese Energie stattdessen in positive Bahnen lenken, kann das Ihrem Leben eine radikale Wendung zum Besseren geben.

Ich empfehle Ihnen, eine einfache Übung zu machen: Halten Sie ein Wochenende lang jeweils zur vollen Stunde eine Minute inne und nehmen Sie ganz bewusst Ihre Stimmung **und** Ihre Gedanken wahr. Wie die meisten Menschen werden Sie wahrscheinlich feststellen, dass Sie überwiegend negativen Gedanken nachhängen und sich daher latent gestresst fühlen und unzufrieden sind. Diese Erkenntnis sollte Sie nicht beunruhigen, sondern Sie sollten sie als Chance begreifen, ganz konkret gegenzusteuern mit positiven Gedanken. Dabei sollen Sie sich natürlich nicht irgendetwas einreden, das unrealistisch ist und an das Sie selbst nicht glauben. Es geht vielmehr darum, bewusst den Blick auf die positiven Aspekte einer Situation zu richten, die bei einem negativen Drall der Gedanken allzu häufig übersehen werden.

Nehmen wir ein Beispiel: Ihr Vorgesetzter kritisiert Ihre Arbeit und gibt Ihnen die Anweisung, diese nachzubessern. Das ist zunächst einmal eine negative Botschaft, die geeignet ist, Frust und Ärger bei Ihnen hervorzurufen. Sie könnten daher Gedanken der folgenden Art entwickeln: *„Der Chef hält mich für einen Idioten. Wenn er unzufrieden ist, soll er es doch selbst machen. Der hat mich wahrscheinlich auf dem Kieker und will mich aus der Firma rausekeln....".* Nach solchen Gedanken werden Sie sicherlich gestresst sein und keine gute Stimmung haben.

Sie könnten stattdessen aber auch in eine ganz andere Richtung denken und sich auf die positiven Aspekte der Kritik Ihres Chefs fokussieren: *„Meine Arbeit ist wichtig. Sonst würde der Chef nicht Wert darauf legen, dass ich sie gut mache. Außerdem sieht mein Chef, dass ich es besser kann und hinter meinen Möglichkeiten zurückbleibe. Vielleicht hat er sogar Recht, dass ich nicht mein Bestes gegeben habe, weil ich meine Arbeit lieblos und lustlos verrichtet habe. Also will ich versuchen, es* *besser zu machen und in meinem eigenen Interesse mein Bestes geben. Denn wenn ich meine Arbeit ohne Liebe mache, ist das auch für mich selbst nicht gut. Ich bin es mir selbst schuldig, meine Arbeit so gut zu machen, wie ich kann...".* Nach solchen Gedanken werden Sie sich mit Sicherheit besser fühlen als nach den negativen Gedanken, die ich oben skizziert habe. Außerdem sind diese positiven Gedanken mit hoher Wahrscheinlichkeit näher an der Realität als die negativen. Denn Chefs sind tatsächlich in erster Linie an Ergebnissen und reibungslosen Arbeitsabläufen interessiert. Daher zielt die Kritik im Regelfall **nicht** darauf ab, Mitarbeiter zu frustrieren und zu verletzen, sondern darauf, die Ergebnisse zu verbessern und die Mitarbeiter zu motivieren. Zur Motivation gehört aber auch, dass schlechte Arbeitsergebnisse thematisiert werden müssen.

Es liegt auf der Hand, dass die Betrachtung der positiven Aspekte der Kritik des Chefs Sie weiter bringt als die Fokussierung auf die negativen Aspekte. Was der Chef wirklich gedacht hat bei der Kritik, spielt eigentlich keine Rolle. Denn es geht um Ihre Gedanken und nicht um seine. Nach meiner Einschätzung machen sich die meisten Chefs viel weniger Gedanken über ihre Mitarbeiter als die Mitarbeiter glauben. Daher liegen Mitarbeiter in der Regel falsch, wenn sie Kritik an ihrer Arbeit als Angriff auf ihre Person interpretieren. Ein sachlich orientierter Chef zielt vielmehr auf Ergebnisse mit seiner Kritik und nicht auf die Mitarbeiter selbst. Auch unter diesem Blickwinkel tun Sie sich selbst einen Gefallen mit einer Fokussierung auf die positiven Aspekte der Kritik.

Denn dadurch schaffen Sie günstigere Rahmenbedingungen für sich selbst, um tatsächlich eine Verbesserung Ihrer Arbeitsergebnisse zu erzielen. Das wird nicht nur Sie selbst zufriedener stimmen sondern auch den Chef. Sie haben also nur Vorteile während Sie bei der Fokussierung auf die negativen Aspekte nur Nachteile haben.

17. Wie erkenne ich meine Talente und wie wichtig sind sie?

„Die Talente sind oft gar nicht so ungleich, im Fleiß und im Charakter liegen die Unterschiede."
Theodor Fontane

Immer wieder behaupten Menschen, dass sie nicht erfolgreich sein könnten, weil ihnen schlicht und einfach das Talent dazu fehle. Wenn man diesen Menschen dann die Frage stellt, woher sie wissen, dass sie kein Talent haben, dann ist die verblüffte Antwort häufig, dass sie es eigentlich nicht wissen. Aber schließlich hätten sie ja bisher nichts gemerkt von einem Talent. Also könne da auch keins sein. Wenn man dann weiter fragt, ob sie denn richtig gesucht hätten nach den eigenen Talenten und wie sie die Suche durchgeführt haben, schaut man wieder in ein erstauntes Gesicht. Die resignierte Antwort lautet dann häufig, dass man noch nicht richtig gesucht habe.

Es ist wirklich erstaunlich, wie leichtfertig Menschen zu der Einschätzung gelangen, dass sie kein Talent haben und wie wenig Mühe sie darauf verwenden, sich auf die Suche zu begeben. Dabei hat jeder Mensch Talente. Überdurchschnittlicher Erfolg setzt auch nicht notwendig überdurchschnittliche Talente voraus. Menschen behaupten aber häufig unreflektiert einen solchen Zusammenhang. Tatsächlich ist es so, dass Talent allein noch gar nichts bewirkt. Wenn man mit einem Talent nichts macht, stellt sich natürlich auch kein Erfolg ein. Erfolg ist vielmehr das Ergebnis von zielgerichteten Bemühungen. Das setzt voraus, dass man ein Ziel hat und sich auf den Weg macht, um dieses Ziel zu erreichen.

Nun ist es aber so, dass nicht für jeden Menschen jedes erstrebenswerte Ziel das richtige ist. Es hängt letztendlich mit den angelegten Möglichkeiten und folglich eben auch mit Talenten zusammen, was das richtige Ziel ist. Persönliche Stärken und Talente sind wichtig. Sie zu entdecken, kostet jedoch Zeit und Mühe. Es ist eine naive Vorstellung, dass man morgens unter der Dusche einen Geistesblitz hat und plötzlich weiß, welche Talente man hat. Viele Menschen haben auch unrealistische Erwartungen an Berater. Sie glauben, dass nur eine Beratung oder ein Coaching sie auf den richtigen Weg führen kann und verkennen dabei, dass allein der Ansatz schon bedenklich ist, eine „Taxifahrt zur Selbsterkenntnis" buchen zu wollen. Der einzige Mensch, der wirklich herausfinden kann, wer Sie sind und welche Talente Sie haben, sind Sie selbst und niemand sonst. Ich will damit nicht sagen, dass man sich von anderen nicht inspirieren lassen soll. Inspiration und Gespräche mit anderen Menschen sind unverzichtbar. Die Aufnahme von Anregungen und Ideen von außen kann außerordentlich hilfreich sein auf dem Weg zur Selbsterkenntnis und auf dem Weg zum Erfolg. Aber man kann sich halt nicht zur Erkenntnis tragen oder fahren lassen.

Da es keine Talentdetektoren und keine Messgeräte für Begabungen gibt, bleibt Ihnen nichts andere übrig, als Ihre Talente durch reflektiertes Nachdenken **und** Tun zu entdecken. Bei mir war es auch so, dass nur die Kombination aus beidem (Nachdenken **und** Tun) zur Erkenntnis geführt hat. Ich stand schon immer in dem Ruf, wortgewaltig zu sein und kunstvoll mit Sprache umgehen zu können. Das allein hat mich aber noch nicht erfolgreich gemacht. Erst die Erkenntnis, dass ich ein Talent habe, erfolgreiche Sachbücher zu schreiben, hat eine Veränderung bewirkt. Das hat mir niemand gesagt. Ich bin vielmehr einer inneren Eingebung gefolgt und habe es ausprobiert. Die Eingebung allein hätte nicht ausgereicht. Ich musste es tun. Nur durch das Tun konnte ich herausfinden, dass es das Richtige für mich ist. Außerdem musste ich bis zur Nutzung des Talentes Fachwissen erlangen, um mich auf die Schlüsselerkenntnis und das Ausprobieren vorzubereiten. Denn mein Sprachtalent wäre nutzlos ohne Inhalte, auf die es angewendet werden kann. Hätte ich damals „argumentiert", dass ich erst beginne, wenn mir ein Verlag garantiert, dass das Buch erfolgreich sein wird, hätte ich mein Talent niemals entdeckt. Tatsächlich bin ich umgekehrt verfahren. Ich habe mein erstes Buch vollständig zu Ende geschrieben bevor ich überhaupt einen Verlag kontaktiert habe. Die erste Anfrage bei einem Verlag hat dann sofort zu einer Zusage geführt und das Buch wurde sehr erfolgreich. Ohne Garantien, sondern durch Ausprobieren.

Ich erinnere mich noch gut an Gespräche, die ich vor ca. 15 Jahren mit einem Freund geführt habe. Damals habe ich aus eigenem Antrieb ein weiteres Studium begonnen und meinen dritten Universitätsabschluss gemacht. Dabei habe ich viel Zeit und Geld in die Erweiterung meines Wissens investiert. Dieser Freund fragte mich erstaunt, warum ich das mache. Noch bevor ich ihm antworten konnte, ergänzte er, dass er so etwas nur machen würde, wenn er eine Garantie bekäme, dass es sich wirklich auszahlt. Ich habe ihm daraufhin erklärt, dass es Garantien im Leben nicht gebe und dass ich gerne lerne und die Welt besser verstehen möchte, um erfolgreicher zu werden. Wenn ich heute Bilanz ziehe und mir anschaue, wo dieser Freund steht und wo ich stehe, dann muss ich klar sagen, dass sich die Mühen für mich gelohnt haben. Ich habe sehr viel über mich selbst und das Leben herausgefunden und weitere Talente entdeckt, von denen ich zuvor nichts wusste. Bei dem Freund hingegen hat es 15 Jahre Stillstand gegeben. Er ist stark gealtert und spricht mittlerweile kaum noch von etwas anderem als vom Renteneintritt, obwohl dieser noch 20 Jahre weit in der Zukunft liegt.

Auch auf die Gefahr hin, mich zu wiederholen: Machen Sie bitte nicht den Fehler, zu glauben, dass Sie kein Talent haben. Darüber hinaus sollten Sie auch den Denkfehler vermeiden, dass Erfolg sich aufgrund von Talenten mühelos von allein einstellt. Das ist nicht der Fall. Auch talentierte Menschen haben sehr lange auf einen legendären Erfolg hingearbeitet. Er ist den meisten nicht in den Schoß gefallen. Durch Beharrlichkeit und unermüdliches Trainieren und Ausprobieren kann jeder Mensch erfolgreich und glücklich werden im Rahmen seiner Möglichkeiten. In Kombination mit einem herausragenden Talent und sehr stark ausgeprägter Beharrlichkeit ist auch legendärer Erfolg möglich. Denken Sie z.B. an die Baumeister von magischen Bauwerken wie der Hagia Sophia in Istanbul oder den Petersdom in Rom oder den Parthenon in Athen. Diese legendären Bauwerke sind nicht vom Himmel gefallen, sondern das Ergebnis der Kombination von Talent und harter Arbeit von Menschen, die ihre Berufung gefunden und realisiert haben. Natürlich kann nicht jeder Mensch etwas so herausragendes erschaffen wie die zuvor aufgezählten Bauwerke. Das ist auch gar nicht erforderlich für Erfolg und persönliches Glück. Jeder Mensch baut am Bauwerk seines eigenen Lebens. Dabei wird ein Stein auf den anderen gesetzt und dann nimmt das Bauwerk Form an. Jeder Stein ist ein sinnvoll ausgefüllter Tag, der bewusst gelebt wird. Mehr ist gar nicht erforderlich, um die Zeitspanne des Lebens sinnvoll auszufüllen und glücklich und erfolgreich zu werden.

18. Seien Sie authentisch!

Viele Menschen verwenden erschreckend viel Energie darauf, sich zu verstellen, um sich den vermeintlichen oder tatsächlichen Erwartungen anderer anzupassen. Insbesondere ängstliche Menschen entwickeln tendenziell häufig eine solche Neigung. Sicherlich ist es richtig, dass man in der Arbeitswelt diplomatisch sein muss und es sich nicht leisten kann, ständig andere vor den Kopf zu stoßen. Es ist auch eine gute Entscheidung, sich nach Möglichkeit keine Feinde zu machen. Das gilt gleichermaßen für das Berufsleben wie für das Privatleben. Kritisch wird es jedoch dann, wenn Menschen geradezu „weichgespült" und konturlos werden, weil sie nur noch Theater spielen und anderen nach dem Munde reden. Wer diesen Fehler macht, wirkt nicht nur unentschlossen und schwach auf andere, sondern er ist es in der Regel auch. Auf lange Sicht wird eine solche Geisteshaltung niemanden nachhaltig beeindrucken und auch nicht vor Schaden bewahren. Denn gerade die konturlosen und schwachen Menschen ziehen häufig Ungemach auf sich, weil sie damit andere verärgern und enttäuschen. Der Volksmund bringt das mit dem folgenden Spruch auf den Punkt: „Wer es allen recht machen will, sitzt am Ende des Tages zwischen allen Stühlen!"

Menschen wollen wissen, woran sie sind. Wenn jemand nicht authentisch wirkt und ständig Theater spielt, dann verunsichert das andere Menschen und es verhindert, dass Vertrauen entsteht. Instinktiv merkt man natürlich, ob jemand authentisch ist oder nicht. Gerade Politiker machen häufig den Fehler, dem Wahlvolk nur noch nach dem Munde zu reden. Das dürfte eine maßgebliche Ursache für die Politikverdrossenheit sein. Dabei würde es viel besser ankommen, wenn ein Politiker echte und unverrückbare Grundsätze hätte und diese glaubwürdig verkörpern würde. In Gesprächen höre ich immer wieder, dass die Enttäuschung der Menschen über die Politiker ein flächendeckendes Phänomen ist. Nahezu jeder denkende Mensch beklagt, dass es gar nicht mehr um Inhalte geht, sondern nur noch um Stimmungen, die durch inhaltslehre Floskeln und Begriffe erzeugt werden sollen. Man hat als Bürger auch den unguten Eindruck, dass die Medien einen Beitrag dazu leisten, dass Inhalte untergehen. Im Zeitalter von Internet und den Möglichkeiten einer Berichterstattung in nahezu Echtzeit sind die Rahmenbedingungen eigentlich optimal, um auf Inhalte zu setzen und diese authentisch und selbstbewusst zu vertreten. Aber wir erleben eher einen gegenteiligen Trend. Das ist außerordentlich schade.

Erfolgsmenschen zeichnen sich dadurch aus, dass sie authentisch sind und auf andere auch so wirken. Das liegt nicht etwa daran, dass sie ihre Rolle aufgrund überdurchschnittlicher schauspielerischer Fähigkeiten ganz besonders gut spielen. Der Grund ist vielmehr, dass sie ihrer inneren Geisteshaltung treu bleiben und authentisch sind. Wer etwas zu sagen hat und einen festen Standpunkt vertritt, der seiner inneren Überzeugung entspricht, braucht sich nicht zu verstellen und verspürt auch gar nicht das Bedürfnis dazu. Er vertritt einfach selbstbewusst seinen Standpunkt und zeigt Flagge.

Es ist ein interessantes Phänomen, dass Menschen, die klare Standpunkte haben und diese auch selbstbewusst vertreten, viel seltener zur Zielscheibe für Wut und Hass von anderen Menschen werden. Viel häufiger trifft es die Mitläufer, die prinzipienlos versuchen, ihre Fahne in den Wind zu halten. Das bedeutet, dass die ängstlichen Menschen, die sich nicht trauen, authentisch zu sein, ihr Ziel gar nicht erreichen, damit Schaden abzuwenden und möglichst in Ruhe gelassen zu werden. Es hat daher in der Regel nur Nachteile, wenn man sich verstellt und eine Rolle spielt.

Insbesondere im Privatleben produziert man verbrannte Erde wenn man nicht authentisch ist. Mit authentischer Ausstrahlung hingegen zieht man gleichgesinnte Menschen an und schreckt genau die Menschen ab, die der eigenen Entwicklung eher schaden als nutzen. Denn wer damit ein Problem hat, dass Sie authentisch sind und offen Ihren Standpunkt vertreten, der ist nicht gut für Ihre Entwicklung. An dieser Stelle möchte ich klarstellen, dass ich damit keine rücksichtslose Durchsetzung und radikale Verteidigung eines Standpunktes um jeden Preis meine. Davon rate ich vielmehr entschieden ab. Es geht um etwas anderes: Wer einen klaren Standpunkt und Prinzipien hat, der kann auch tolerant gegenüber anderen Standpunkten sein, ohne sich in seiner eigenen Position in Frage gestellt oder bedroht zu

fühlen. Ein selbstbewusster und authentischer Erfolgs-
mensch würde z.B. niemals auf die Idee kommen, eine
Freundschaft aufzukündigen, weil ein Freund eine andere politische Partei wählt als er selbst. Es entspricht
vielmehr seiner Geisteshaltung, anderen genau das zu-
zugestehen, was er für sich selbst in Anspruch nimmt:
Das Recht auf eine eigene Position und das Recht darauf,
authentisch zu sein.

19. Partnerwahl ist Schicksalswahl

Eine der wichtigsten Entscheidungen Ihres Lebens ist die Partnerwahl. Dabei entscheiden Sie sich, mit welchem Menschen Sie Ihr Leben mit allen Höhen und Tiefen teilen möchten. Nun mögen Sie einwenden, dass es in heutiger Zeit ein ganz normaler Vorgang ist, dass man sich trennt. Das sei ja sogar weniger kompliziert als eine Arbeitsstelle zu wechseln. Ich gebe Ihnen insoweit Recht, dass es besser ist, sich zu trennen, wenn man erkannt hat, dass man nicht zusammenpasst und sich gegenseitig nur behindert und schadet. Ich widerspreche jedoch, wenn Ihr Einwand in die Richtung geht, dass die Partnerwahl keine so wichtige Entscheidung ist, weil man sich ja leicht trennen kann.

Die Partnerwahl ist deshalb sehr wichtig, weil es keinen anderen Menschen gibt, der so viel Einfluss auf Ihr Leben ausübt wie Ihr Partner. Die Familie möchte ich an dieser Stelle ausklammern. Die haben Sie ja auch nicht ausgewählt, sondern sie ist einfach da. Wenn Sie die Partnerwahl gut getroffen haben, dann kann das Ihr Leben sehr bereichern. Im Idealfall ist Ihr Partner eine fortwährend sprudelnde Quelle der Inspiration, die Ihr Leben auf eine höhere Dimension hebt. Darüber hinaus kann ein Partner ein wertvoller Ratgeber sein, der Ihnen im richtigen Moment eine ehrliche Rückmeldung gibt, die Ihnen hilft, fundamental wichtige Entscheidungen richtig zu treffen. Unterschätzen Sie den Einfluss Ihrer Partnerin bzw. Ihres Partners auf Ihre Leben nicht! Ihr Partner wird auch dann Einfluss auf Ihr Leben nehmen, wenn Sie sich das Gegenteil einreden. Denn Ihr Partner beeinflusst Ihr Denken und Ihre Sicht auf die Welt. Selbst wenn er Ihnen nicht konkret sagt, dass Sie an einer Gabelung des Weges Ihres Lebens links oder rechts abbiegen sollen, so beeinflusst er sehr wohl, für welchen Weg Sie sich entscheiden. Legendär erfolgreiche Menschen geben am Ende ihres Lebens häufig an (oft in der Autobiographie), dass ihre Partnerin oder ihr Partner die tragende Säule in ihrem Leben und in ihrem Erfolgsimperium war. Altbundeskanzler Helmut Schmidt hat sich z.B. in diese Richtung über seine Frau Loki geäußert.

Die Partnerwahl ist natürlich keine reine Kopfentscheidung. Sie unterscheidet sich von vielen Entscheidungen, die Sie im Laufe Ihres Lebens treffen. Es geht um Emotionen, die sich nicht immer einwandfrei definieren lassen und mitunter ambivalent sind. Es ist daher natürlich ein schwieriges Unterfangen, die Kriterien der Partnerwahl zu analysieren und für sich selbst Klarheit darüber zu gewinnen. Gleichwohl kann es sinnvoll sein, sich Gedanken darüber zu machen, wie man die Wahl getroffen hat oder wie man sie treffen würde. Solche Überlegungen können z.B. bei dem Punkt ansetzen, was für Sie in einer Partnerschaft wichtig ist. Nach etwas Nachdenken werden Sie schnell einige Kriterien gefunden haben, die z.B. die folgenden sein können: (1) Attraktivität, (2) gute Kommunikation, (3) Empathie, (4) Respekt, (5) Inspiration, (6) Aufrichtigkeit, (7) Loyalität. Den sieben Kriterien dieser Liste werden Sie sich sicherlich ohne nennenswerten Widerspruch zustimmen können. Vielleicht denken Sie nun, dass noch einige Kriterien fehlen wie z.B. Herkunft, Geld und Macht. Ich weiß, dass diese drei weiteren Kriterien für manche Menschen eine Bedeutung haben. Nach meiner Einschätzung haben sie keine Bedeutung, weil sie vergängliche Begleiterscheinungen sind, die einer Person nicht auf Dauer anhaften und über die charakterliche Prägung und Eignung eines Menschen nicht viel aussagen. Es kann hilfreich sein, die oben aufgelisteten sieben Kriterien für sich in eine Reihenfolge zu bringen, die ihre Bedeutung zum Ausdruck bringt (wichtigstes Kriterium an erster Stelle und unwichtigstes Kriterium an letzter Stelle). Das allein könnte Sie schon ein ganzes Wochenende lang beschäftigen. Das muss es aber nicht. Es geht mir an dieser Stelle nur darum, Ihnen einige Ideen zu geben, um für sich selbst Klarheit zu gewinnen, was Ihnen wichtig ist. Vielleicht kommen Sie auch zum Ergebnis, dass Sie keine Reihenfolge festlegen können oder wollen, weil Ihnen alle Kriterien gleich wichtig sind. Das ist völlig in Ordnung. Wenn Sie bereits eine Partnerwahl getroffen haben, dann können Sie natürlich auch anhand dieser Kriterien für sich betrachten, wo Sie stehen. Dabei sind diese Kriterien natürlich in beide Richtungen zugrunde zu legen. Das heißt, dass Sie z.B. bei dem Kriterium der Inspiration nicht nur der Frage nachgehen, wie sehr Ihre Partnerin oder Ihr Partner Sie inspiriert, sondern auch, wie sehr Sie Ihre Partnerin oder Ihren Partner inspirieren. Durch solche Überlegungen können Sie auch etwas über sich selbst herausfinden. Im Idealfall führen Ihre Betrachtungen Ihnen vor Augen, dass Sie den Partner Ihres Lebens bereits gefunden und gut gewählt haben. Solche Überlegungen können folglich eine Quelle positiver Gedanken und Gefühle sein. Wenn Sie bei Ihren Überlegungen zur der Erkenntnis gelangen, dass Sie bei einem Kriterium unzufrieden sind, dann kann auch das hilfreich sein, weil Sie versuchen können, daran zu arbeiten. Wenn Sie z.B. bei dem Kriterium „(2) gute Kommunikation" zu der Einschätzung gelangen, dass Ihr Partner und Sie zu wenig miteinander reden oder die Gespräche zu wenig Tiefgang haben, dann können Sie das zum Anlass nehmen, selbst etwas dazu beizutragen, das zu ändern. Es bleibt ganz Ihnen überlassen, was Sie mit Ihren Erkenntnissen tun.

20. Was hat die Nationalität mit Glück und Erfolg zu tun?

Sie erinnern sich bestimmt noch dunkel an eine Nachrichtensendung, in der die Ergebnisse der Studien von Glücksforschern berichtet wurden. Solche Nachrichten tauchen ca. einmal pro Jahr in den Medien auf.[10] Dann wird erklärt, dass die glücklichsten Menschen in diesem oder jenem Land leben und so weiter. Daraus erstellen die Glücksforscher einen sogenannten „Glücksatlas". Die bekannteste Studie stammt vom Gallup-Institut in Washington.

Obwohl die Deutschen eine der reichsten Nationen der Welt sind, schneiden sie bei diesen internationalen Glücksvergleichen in der Regel nur mittelmäßig ab. Deutschland kam im Jahr 2014 nach der Studie des Gallup-Institutes nur auf Rang 46 von 138 untersuchten Nationen. Damit liegt es in Sachen Glücksniveau auf einem ähnlichen Niveau wie Senegal und Kenia und nur knapp vor Tansania und Ghana. Das ist ein erstaunliches Ergebnis. Nach der Studie des Gallup-Institutes scheinen die Menschen in Lateinamerika besonders glücklich zu sein. Unter den ersten zehn Ländern sind schon zum dritten Mal in Folge neun aus Lateinamerika. Diese Zah-

---

[10] Einen entsprechenden Artikel finden Sie z.B. in der Online-Ausgabe der FAZ unter dem folgenden Link: https://goo.gl/XAf3rC

len deuten darauf hin, dass materieller Wohlstand scheinbar nicht der ausschlaggebende Faktor für empfundenes Glück ist. Es sind offenbar andere Kriterien, die entscheidend sind. Insofern können solche Untersuchungen interessante Erkenntnisse zu Tage fördern über die Determinanten von Glück.

Ob die erhobenen Daten und Methoden solcher Studien wirklich aussagekräftig sind, kann ich nicht abschließend beurteilen. In aller Regel beruhen die Daten eines „Glücksatlas" auf Befragungen. Dabei geht es aber nicht darum, ob das angegebene Glück in irgendeiner Weise objektiv gerechtfertigt ist. Es geht vielmehr um das von den Befragten **angeblich** empfundene Glücksniveau. Dabei können sich Ungenauigkeiten z.B. daraus ergeben, dass es in bestimmten Kulturen ein Tabu ist, zuzugeben, dass man nicht glücklich ist. Bei der Ableitung von Schlussfolgerungen ist daher Vorsicht geboten. Dass die Daten des „Glücksatlas" nicht voll belastbar sind, ist auch daran abzulesen, dass unterschiedliche Studien zu vollständig anderen Ergebnissen kommen. Bei der Studie der Columbia University in New York („World Happiness Report") aus 2013 ist z.B. kein einziges Land aus Lateinamerika auf den ersten zehn Plätzen vertreten während im Ranking des Gallup-Institutes gleich 9 Länder aus Lateinamerika unter den ersten 10 sind.[11] Nach der Studie des Gallup-Institutes liegt

---

[11] Ich verweise dazu auf einen Artikel in der Wirtschaftswoche vom 20.11.2013, den Sie unter dem folgenden Link finden: https://goo.gl/vwHgv7

Deutschland auf Platz 46 und nach der Studie der Columbia University auf Platz 26. Auch das ist eine signifikante Abweichung, die Fragen nach der Belastbarkeit der ermittelten Ergebnisse provoziert.

Obwohl die Aussagekraft der Glücksrankings dieser Studien zweifelhaft ist, bin ich trotzdem davon überzeugt, dass ein Vergleich von Ländern und Kulturen aufschlussreich sein kann, um den optimalen Rahmenbedingungen für Glück und Erfolg nachzuspüren. Allerdings greifen einfache Fragebogenaktionen dazu offenbar zu kurz. Man muss nach meiner Überzeugung tiefer in eine fremde Kultur eintauchen, um wirklich etwas herauszufinden und belastbare Schlussfolgerungen ziehen zu können.

Wenn Sie längere Zeit im Ausland leben, dann schärft das den Blick für fremde Kulturen und als Nebenprodukt auch den Blick für das eigene Land und die eigene Kultur. Ich habe einen internationalen Bildungshintergrund und ein internationales Netzwerk aus Freunden und Geschäftsbeziehungen. Ich habe in drei Staaten in drei Sprachen studiert. Darüber hinaus gibt es einen französischen Zweig der Familie, so dass einige meiner Cousinen die französische Staatsbürgerschaft haben und in Frankreich aufgewachsen sind. Außerdem bin ich in meinem Leben sehr viel gereist. Dabei ist mir aufgefallen, dass es beispielsweise in den USA im Vergleich zu Deutschland sehr unterschiedliche Einstellungen der Menschen gibt. Das hat natürlich auch mit der Geschichte und mit der Organisation einer Gesellschaft zu tun. Ich lasse mich bei meinen Reisen in den USA gerne auf Gespräche ein, weil sie eine interessante Erkenntnisquelle sind, um das Denken und die Mentalität der Menschen dort besser zu verstehen.

Es muss einen Grund haben, dass die USA seit geraumer Zeit das wirtschaftliche und intellektuelle Machtzentrum dieses Planeten sind und darüber hinaus ein sehr hohes Maß an Freiheit und Zufriedenheit der Bevölkerung aufweisen. US-Amerikaner sind überproportional häufig unter den Nobelpreisträgern vertreten. Darüber hinaus lässt sich das an bahnbrechenden technologischen Entwicklungen ablesen, die extrem häufig ihren Ursprung in den Vereinigten Staaten genommen haben: Internet, Smartphones, Online-Handel und vieles mehr. Ich möchte an dieser Stelle nicht die These diskutieren, ob die USA gut oder schlecht für diesen Globus sind. Das wäre eine ideologische Scheindebatte, die zu nichts führt. Ich möchte ganz einfach die Frage aufwerfen und beleuchten, wie die Menschen in den USA denken und welche Erklärung es für den weit überdurchschnittlichen Erfolg dieser Nation gibt.

Aus zahlreichen Gesprächen mit US-Amerikanern habe ich die Erkenntnis gezogen, dass diese zum Beispiel eine ganz andere Einstellung zum Staat haben. Amerikaner erwarten von ihrem Staat, dass er die Freiheit und die öffentliche Sicherheit bewahrt und verteidigt. Nicht mehr und nicht weniger. Für einen US-Amerikaner ist es fernliegend, eine Rundumversorgung des Staates für jeden einzelnen und eine möglichst vollständige wirt-

schaftliche Angleichung der gesamten Gesellschaft ein-
zufordern. Man ist davon überzeugt, dass jeder seines
eigenen Glückes Schmied ist und findet Freiheit wichtiger als Gleichheit. Weil der Staat folglich nach der Er-
wartung der Amerikaner nicht die Aufgabe einer kollektiven Umverteilung hat wie man sie in Deutschland
gewohnt ist, zahlt man in den USA insgesamt auch deutlich weniger Steuern. Das ist nach dem Verständnis vie-
ler Amerikaner ein fairer Deal, weil es eine größere Freiheit darstellt, wenn der Staat den Bürgern weniger von
ihrem Geld wegnimmt und sie selbst ihre wirtschaftliche
Zukunft planen lässt. Eigenverantwortung ist die Kehrseite der Freiheit. Das ist selbstverständlich für einen
Amerikaner. Obwohl Amerikaner insoweit größere Risiken und eine größere Eigenverantwortung für ihr Leben
tragen, erlebe ich die Menschen in den USA insgesamt
entspannter und gelassener und weniger ängstlich als die
Menschen in Deutschland. Das heißt nicht, dass Amerikaner gleichgültig sind. Amerikaner sind nach meinem
Verständnis viel entschlossener und kampfbereiter als
viele andere Nationen, wenn es um die Verteidigung
ihrer Werte geht. Das ist allen voran die Freiheit und
Unabhängigkeit.

Kommen wir nun zu dem Thema, wie die Menschen
in Deutschland denken und welche Einstellungen sie
haben. Wenn Sie die Zeitung aufschlagen, können Sie in
nahezu jeder Ausgabe etwas von Altersarmut, Renten-
und Versorgungslücken lesen. Nahezu 50% aller Nachrichten in den Medien werden davon bestimmt, ob die
kollektiven Umverteilungssysteme auch wirklich jeden

sicher und komfortabel bis auf den Friedhof begleiten werden und wo wir bei der angestrebten Angleichung der Lebensverhältnisse in Deutschland stehen. Obwohl unterschwellig suggeriert wird, dass die Angleichung sehr gut gelungen sei, ist tatsächlich der Reichtum in Deutschland ungleicher verteilt als in jedem anderen Land der Europäischen Union. Das ist durch zahlenmäßige Erhebungen der Europäischen Zentralbank nachgewiesen.[12] Allein diese Zahlen machen deutlich, dass es sich um eine zumindest fragwürdige Debatte handelt, die den Blick auf andere wichtige Aspekte verstellt. Nur selten wird in deutschen Medien thematisiert, dass Freiheit und Eigenverantwortung ebenfalls wichtige Grundwerte im Leben eines Menschen darstellen, die naturgemäß auf der Strecke bleiben, wenn der Staat alles organisiert und vorschreibt. Achten Sie einmal darauf, wie selten deutsche Politiker Vokabeln wie „Freiheit" verwenden. Machen Sie die Probe aufs Exempel und schauen Sie dazu im Vergleich US-Amerikanische Nachrichtensendungen oder lesen Sie US-Amerikanische Zeitungen im Internet. Sie werden feststellen, dass es signifikante Unterschiede gibt. Das Thema Freiheit von staatlicher Bevormundung ist ein großes Thema in den USA während es in deutschen Medien stark unterrepräsentiert ist. Die unterschiedliche Akzentuierung der Themen ist aber nicht nur ein Phänomen des Sprachgebrauchs

---

[12] Ich verweise dazu auf einen Artikel in der Online-Ausgabe der FAZ vom 09.04.2013, den Sie unter dem folgenden Link finden: https://goo.gl/keTK5

von Politikern. Das setzt sich auch in den Gesprächen der Menschen fort, wenn sie über ihr Leben sprechen und über das, was sie beschäftigt.

Vielleicht ist das deutsche Denken noch partiell von den Perspektiven in einer Feudalgesellschaft geprägt. In der deutschen Feudalgesellschaft vergangener Jahrhunderte war Freiheit dem Adel vorbehalten. Die Freiheit eines Einzelnen, der nicht dem Adel angehörte, war kein Thema. Für einen leibeigenen Bauern war es Zeitverschwendung, über Freiheit nachzudenken. Es gab eine solche Freiheit schlicht und einfach nicht. Die Entwicklungsgeschichte der USA ist vollständig anders verlaufen. Das Land wurde besiedelt und erst langsam wurden staatliche Strukturen aufgebaut. Es zog viele Menschen auch deshalb auf den amerikanischen Kontinent, weil es dort Freiheit gab und genug Land, um sich zu entfalten. Adlige Herkunft spielte keine Rolle. Jeder war frei, der genug Kraft und Mut hatte, sich auf den Weg zu machen. Dieser Geist der Siedler scheint tiefe Spuren in der Gesellschaft hinterlassen zu haben. Bis heute prägt dieser Geist der Freiheit das Denken der Menschen in den USA.

Ich denke, dass die Besinnung auf Freiheit und Eigenverantwortung bessere Rahmenbedingungen für überdurchschnittlichen Erfolg darstellen als die Programmierung auf staatliche Versorgung und Bevormundung bis ins letzte Glied. Damit dürfte zumindest ansatzweise eine Erklärung gefunden sein, warum die USA eine der erfolgreichsten Nationen auf der Welt sind.

21. Welchen Einfluss hat unsere Umgebung auf uns?

Sie kennen die uralte Diskussion, ob der Mensch stärker durch die Erbanlagen oder durch äußere Einflüsse seiner Umgebung geprägt wird. Die meisten Wissenschaftler vertreten den Standpunkt, dass beide Faktoren ca. 50% zur Prägung eines Menschen beitragen. Manche sehen einen stärkeren Einfluss der Erbanlagen und manche einen stärkeren Einfluss des Milieus. Welcher Prozentsatz der richtige ist, ist nicht so entscheidend. Wichtiger ist die Erkenntnis, dass beide Faktoren eine Rolle spielen.

Ihre Erbanlagen haben nach allen Auffassungen der Wissenschaftler unbestreitbar einen großen Einfluss auf Ihre charakterliche Prägung und Ihr Leben. Diese Anlagen sind eine Konstante, an der Sie nichts ändern können. Gleichwohl ist es sinnvoll, herauszufinden, wie diese Prägung aussieht. Wenn Sie wissen, wer Sie eigentlich sind und was Ihre Stärken und Schwächen sind, dann können Sie damit intelligenter umgehen. Es lohnt sich daher, auf die Klärung dieser entscheidenden Fragen Zeit und Kraft zu verwenden. Daher zieht sich diese Frage wie ein roter Faden durch dieses Buch.

Die zweite wichtige Baustelle ist der Einfluss Ihrer Umgebung. In der Kindheit hat jeder Mensch eine Prägung erhalten durch das Milieu, in dem er aufgewachsen ist. Dabei spielt die Familie natürlich eine große Rolle. Der Einfluss des Milieus ist jedoch nicht beendet mit dem Erwachsenwerden. Auch später übt die Umgebung weiter Einfluss auf einen Menschen aus. Als Kind hat man kaum Steuerungsmöglichkeiten, welchen Einflüssen man ausgesetzt ist. Als Erwachsener hat man jedoch sehr wohl Einflussmöglichkeiten. Man kann entscheiden, mit welchen Menschen man sich umgibt, in welchem Land und in welcher Stadt man lebt und in welchem Umfeld man sich beruflich bewegt. All das hat Einfluss darauf, wie ein Mensch sich weiterentwickelt. Die zuvor aufgezählten Rahmenbedingungen erscheinen uns im Alltag als unveränderliche Konstanten. Tatsächlich sind sie es jedoch nicht. Es kostet zwar Kraft und erfordert einen starken Willen, sich beruflich zu verändern, neue Menschen kennen zu lernen oder in eine andere Stadt oder ein anderes Land umzuziehen. Aber unmöglich ist es nicht. Ich spreche aus Erfahrung. Ich bin in einer Kleinstadt in Deutschland aufgewachsen und habe erst als Student begonnen, intensiv Fremdsprachen zu lernen. In der Schule habe ich in dieser Hinsicht leider nur wenig mitbekommen. Trotz dieser sehr provinziellen Einflüsse in meiner Kindheit, habe ich einen internationalen Bildungshintergrund und ein internationales Netzwerk aus Freunden und Geschäftsbeziehungen aufgebaut. Ich spreche 4 Sprachen und habe in 3 Staaten Universitätsabschlüsse gemacht. Ich reise sehr viel und genieße es, in fremde Kulturen einzutauchen. Schon während meiner diversen Studienaufenthalte im Ausland bin ich mit anderen Kulturen und

Menschen intensiv in Kontakt gekommen und habe gemerkt, wie man sich als Mensch verändert durch eine andere Umgebung. Nationen und Staaten sind über lange Zeiträume gewachsen und haben ihre eigene Atmosphäre und Mentalität der Menschen hervorgebracht. Wenn Sie z.B. in den USA leben und arbeiten, dann merken Sie, dass die Menschen dort ganz anders denken und empfinden. Es ist natürlich anstrengend, in einer fremden Umgebung anzukommen. Aber es hat auch eine sehr positive Seite. Es weitet den Horizont und zeigt, dass es auch andere Denkrichtungen und Lebensstile gibt. Das kann sehr bereichernd sein.

Aber selbst wenn Sie sich örtlich nicht groß verändern wollen, so stellen sich für Sie gleichwohl Fragen, welchen Einflüssen Sie sich aussetzen wollen. Insbesondere stellt sich die Frage, mit welchen Menschen Sie sich umgeben (beruflich und privat) und in welcher Umgebung Sie sich niederlassen wollen (Großstadt, mittelgroße Stadt oder ländliche Region). All das hat Einfluss auf Sie und Ihre weitere Entwicklung. Es prägt Ihr Denken und Ihre Einstellungen. Auch wenn Sie Deutschland nicht verlassen, können Sie durch Kontakte mit Menschen aus anderen Kulturen Ihren Horizont erweitern. Ich habe z.B. 3 Jahre lang wöchentlich zwei Stunden Konversationsübungen mit einem spanischen Manager gemacht, der zu einer Konzerngesellschaft nach Deutschland versetzt worden war. Das war nicht nur hilfreich für die Entwicklung meiner spanischen Sprachkenntnisse, sondern hat auch mein Denken weiterentwickelt.

Nun gibt es noch den negativen Aspekt von entwicklungshemmenden Umgebungen. Sie kennen alle die Berichte über Vorstädte von Paris, in die sich nach Einbruch der Dunkelheit kein Polizist mehr vorwagt. Schlechtes Bildungsniveau, hohe Arbeitslosigkeit und triste Wohnsilos in schlechtem Zustand prägen die Atmosphäre. Sie können sich sicherlich gut vorstellen, dass es für die Entwicklung eines Menschen nicht hilfreich ist, in einer solchen Umgebung aufzuwachsen. Wenn es ein Individuum gleichwohl unter äußerster Kraftanstrengung schafft, sich weiterzuentwickeln, dann gibt es noch das Problem, dass die bisherigen Wegbegleiter das oftmals nicht konstruktiv unterstützen, sondern als „Verrat" der gemeinsamen Vergangenheit brandmarken. Menschen haben die Neigung, andere Menschen zu vereinnahmen. Wenn sich jemand aus der Gruppe weiterentwickelt, so läuft er Gefahr, als Abtrünniger angesehen zu werden. Es kann daher doppelt nachteilig und anstrengend sein, wenn man in einem schlechten Milieu aufgewachsen ist. Aber am Ende des Tages muss jeder Mensch seiner eigenen Berufung folgen. Wenn die Menschen der Umgebung einen daran hindern wollen, dann muss man den Mut und die Kraft finden, seinen Weg zu gehen. Ich habe großen Respekt vor Menschen, die diese Kraft gefunden haben und gegen alle Widerstände konsequent ihren Weg gegangen sind.

22. Das Konzept der Achtsamkeit

Sagt Ihnen der Begriff der Achtsamkeit etwas? Er stammt aus der Denktradition des Buddhismus. Es handelt sich dabei um die Idee, dass der Mensch alles bewusst tun und mit den Gedanken möglichst im hier und jetzt verweilen sollte.[13] Ich ahne, dass Sie beim Lesen dieser Zeilen fragen: Wozu soll das denn gut sein? Es ist eigentlich ganz einfach erklärt. Wir springen häufig mit unserem Bewusstsein und konzentrieren uns selten wirklich auf eine konkrete Sache oder Tätigkeit. Nehmen wir ein Beispiel. Sie sitzen vor dem Fernseher und essen dabei. Sie tun zwei Dinge gleichzeitig und springen mit Ihrem Bewusstsein zwischen Fernsehen und Essen hin und her. Das wäre ein Verstoß gegen das Prinzip der Achtsamkeit, das Bewusstsein stets auf das zu fokussieren, was wir gerade tun. Durch das unruhige Hin- und Herspringen des Bewusstseins kommt der Geist nicht zur Ruhe und er ist niemals vollständig im hier und jetzt und niemals vollständig fokussiert auf eine Sache. Das führt dazu, dass wir nur mit halber Aufmerksamkeit bei einer Sache sind. Beim Essen und gleichzeitigen Fernsehen mögen die negativen Auswirkungen noch über-

---

[13] Einen interessanten Artikel zum Thema finden Sie in der Onlineausgabe von Der Spiegel unter dem folgenden Kurzlink im Internet: https://goo.gl/kDUf8d

schaubar sein. Wenn Sie sich jedoch auf eine schwierige Aufgabe konzentrieren, dann setzen Sie nicht die ganze mentale Kraft ein. Das unruhige Springen des Bewusstseins verbraucht erschreckend viel mentale Energie ohne irgendeinen messbaren Vorteil. Gehen wir noch einmal zurück zum Beispiel des gleichzeitigen Essens und Fernsehens. Ist Ihnen schon aufgefallen, dass Sie mehr essen, wenn Sie beim Essen fernsehen? Das hängt damit zusammen, dass Sie unbewusst essen und zu spät merken, dass Sie eigentlich schon vor 10 Minuten satt waren. Außerdem genießen Sie das Essen nicht, wenn Sie es achtlos nebenher einnehmen. Bei besonderen Anlässen konzentrieren Sie sich auf das Essen. Wenn Sie zum Beispiel einen Erfolg oder den Jahrestag eines erfreulichen Ereignisses feiern, dann widmen Sie der Nahrungsaufnahme sehr viel mehr Aufmerksamkeit und tun es bewusst. Es ist zwar nicht erforderlich, täglich ein Festmahl zuzubereiten und dieses in gediegenem Ambiente auf dem Tisch aufzubauen. Darum geht es auch gar nicht. Es geht darum, dass Sie etwas sehr bewusst tun und dabei den Geist fokussieren. Wenn Sie bewusst essen, dann kommt Ihr Geist zur Ruhe und Sie entwickeln im Moment des Essens Dankbarkeit dafür, dass Sie genug Speise haben und diese in Frieden und ohne Hast einnehmen können. Es ist dieses Verweilen des Bewusstseins im Augenblick, das mentale Kraftreserven auflädt statt Energie sinnentleert mit einem unkontrollierten Schwall von Gedankensprüngen zu verschwenden. Außerdem macht Ihnen der bewusste Vorgang des Essens deutlich, dass alles mit allem zusammenhängt und, dass Sie als Mensch ein Teil der harmonischen Struktur des gesamten Kosmos sind. Im hektischen Alltag kommen solche bewussten Gedanken zu kurz. Das führt dazu, dass der menschliche Geist kaum zur Ruhe kommt und ständig von einer Art schädlicher Hintergrundstrahlung in Form von unkontrollierten Gedankenschleifen und Gedankensprüngen belastet wird. Achtsamkeit setzt genau hier an und durchbricht die unkontrollierten Gedankenschleifen mit einem fokussierten Bewusstsein. Zu Beginn wird es Ihnen sehr schwer fallen, das Bewusstsein auf das zu fokussieren, was Sie gerade tun. Das geht allen Menschen so, die sich mit dem Thema zum ersten Mal befassen. Es gibt einen hilfreichen Trick, wie man die Fokussierung trainieren kann: Beobachten Sie Ihren Atem und konzentrieren Sie sich einige Minuten nur auf das entspannte Ein- und Ausatmen. Sie werden feststellen, dass das ein sehr wirksames Mittel ist, um die negative Hintergrundstrahlung eines unruhig umherspringenden Geistes abzuschalten.

Mit Sicherheit haben Sie schon einmal die Erfahrung gemacht, dass Sie in Gegenwart eines bestimmten Menschen tiefenentspannt waren und die Ausstrahlung dieses Menschen als sehr beruhigend empfunden haben. Die Ursache ist leicht erklärt. Ein Mensch, der sein Bewusstsein stets auf das fokussiert, was er gerade tut, strahlt Ruhe aus und er beginnt Dinge wahrzunehmen und Zusammenhänge zu begreifen, die dem hektischen und ruhelosen Geist verborgen bleiben. Ein solcher Mensch strahlt auch auf andere Ruhe und Sicherheit aus. Sie tun sich also durch die Beachtung des Konzeptes der Achtsamkeit in doppelter Hinsicht einen Gefallen: Sie stärken Ihre eigenen mentalen Kräfte und Sie wirken auf andere Menschen selbstbewusster und souveräner.

Mittlerweile ist das Konzept der Achtsamkeit auch in der westlichen Denktradition angekommen und verankert. Viele Menschen haben erkannt, dass es ein wirksames Mittel zur Bewältigung von schädlichem Stress ist. Darüber hinaus beugt ein mittels Achtsamkeit fokussierter Geist psychischen Erkrankungen vor. Denn viele psychische Probleme resultieren aus negativem Denken und aus einem unruhigen Geist, der in negativen Gedankenschleifen gefangen ist. Die heilsame Wirkung der Achtsamkeit auf die psychische Gesundheit ist wissenschaftlich belegt.[14]

---

[14] Ich verweise dazu auf das Kapitel 2 mit der Überschrift „2. Was ist Glück?". Darin habe ich ausgeführt, dass mit Hirnstrom-messungen bewiesen werden konnte, dass buddhistische Mönche eine überdurchschnittlich gute psychische Gesundheit aufweisen.

23. Hat uns die Kunst etwas zum Thema zu sagen?

Die Antwort auf diese Frage lautet: Ja, ja und nochmals ja! Künstler sind Menschen, die etwas in besonderer Form auszudrücken vermögen. Manche wählen dafür Sprache, andere Musik und wieder andere Malerei oder Bildhauerei.

Ich habe großen Respekt vor Künstlern, die es schaffen, bedeutende Aussagen mit ihrer Kunst zu machen und Menschen im tiefsten Inneren zu berühren. Ich finde nicht zu jedem Künstler und zu jeder Kunst Zugang. Das mag an mir liegen oder an der Kunst. Dann gibt es jedoch Kunst, die eine magische Stimmungslage und ein Bewusstsein erzeugt, dass etwas Bedeutendes über das Leben zum Ausdruck gebracht wird. In den Aussagen von Kunstwerken können auch Fingerzeige und Hinweise auf wichtige Themen des menschlichen Lebens enthalten sein. Dazu gehören natürlich auch die ewigen Themen wie Glück und Erfolg.

Mich persönlich sprechen z.B. die Gemälde von Caravaggio (1571 bis 1610) sehr an. Sein Name war eigentlich Michelangelo Merisi da Caravaggio. Er wurde jedoch meist in der Kurzform nach seinem Herkunftsort Caravaggio genannt. Es ist eine mit Worten kaum zu beschreibende Atmosphäre in den Bildern, die es zuvor in der Kunst nicht gegeben hat. Mit seinem neuen Stil

(Hell-Dunkel-Malerei und Verbindung religiöser Motive mit dem Profanen) hat er ein neues Kapitel in der Kunstgeschichte aufgeschlagen und viele Generationen von Malern inspiriert und beeinflusst.

Das Besondere an den Gemälden von Caravaggio ist die Einbindung des Heiligen in das Profane. Mit anderen Worten: Die Verbindung von heiligem Ereignis und Alltagserfahrung. Vielleicht ist das der Grund, warum die Bilder den Betrachter so faszinieren und in ihren Bann ziehen. Denn Menschen suchen in ihrem eigenen Leben nach Sinn und nach Inspiration und - bei entsprechender religiöser Prägung - nach dem Einfluss des Göttlichen. Die Gemälde Caravaggios wirken nicht so fern und abstrakt wie bis dahin üblich in der Malerei. Durch Lichteffekte und sehr realistische Darstellung der Menschen in Alltagskleidung und mit Gesichtszügen, auf denen sich die Gefühlslage abzeichnet, hat man als Betrachter geradezu den Eindruck, als wäre man mitten im Geschehen eines bedeutenden Ereignisses und als sei die Szenerie nur eingefroren mit der Möglichkeit, jederzeit zum Leben zu erwachen.

Interessant ist auch der Lebenslauf von Caravaggio. Er wurde nur 38 Jahre alt. Er war ein Suchender, der über ein gewaltiges künstlerisches Potential verfügte, aber leider aufgrund tragischer Verwicklungen (vielleicht auch von Charaktermängeln) zu früh gestorben ist. Zu Beginn seiner Laufbahn war er mittellos. Aufgrund seines herausragenden Talentes und einiger glücklicher Fügungen ist er jedoch schnell zum bevorzugten Maler der Kardinäle in Rom aufgestiegen. Nicht weniger als 6 der seiner Zeit 18 amtierenden Kardinäle waren Auftraggeber von ihm. Obwohl er nur 38 Jahre alt wurde, hat er Epochales geleistet. Sein Leben war allerdings von Konflikten überschattet. Immer wieder ist er in gewaltsame Auseinandersetzungen verwickelt worden und musste mehrfach flüchten aufgrund von drohender Strafverfolgung. In Rom war er in einen Streit verwickelt gewesen, bei dem der Sohn des Kommandanten des Stadtgefängnisses (damals in der Engelsburg untergebracht) ums Leben kam. Zunächst flüchtete er von Rom nach Neapel und von dort weiter nach Malta, wo er Aufnahme in den Malteser Ritterorden fand. Zwei von ihm stammende Gemälde sind noch heute in der St. John's Co-Cathedral in Valletta zu besichtigen. Auch dort gab es Konflikte. Nach einer Prügelei mit einem anderen Malteser Ritter flüchtete er noch vor Abschluss der gegen ihn eingeleiteten Untersuchungen nach Sizilien und von dort wieder zurück nach Neapel. Dort wartete er bis zu seinem Tod im Jahre 1610 vergeblich auf die Aufhebung seiner Verbannung aus Rom.

Auch Musik kann sehr inspirierend sein und bedeutsame Aussagen über Glück und Erfolg transportieren. Beispielhaft möchte ich den Songtext „Lifelines" des gleichnamigen Albums der norwegischen Popband a-ha herausgreifen. Die Aussagen des Textes drehen sich um die Suche nach Sinn und Richtung des Lebens. Eine Passage bringt es besonders gut zum Ausdruck:

What do you see?

Where do we go?

What are the signs?

How do we grow?

By letting your lifeline show.

What if we do?

What up to now?

What do you say?

How do I know?

Don't let your lifeline go...

Don't let your lifeline go...

Die weiteren Songs des Albums „Lifelines" haben einen ähnlichen lyrischen Unterton und drehen sich ebenfalls um das Thema, wie man als Mensch seinen Weg findet. Es dürfte kein Zufall sein, dass dieses Album nicht in der frühen Schaffensphase entstanden ist, sondern erst 2002 und damit zu einer Zeit als die Band gerade einen längeren Durchhänger in den neunziger Jahren überwunden hatte und gereift zu neuen Höhenflügen ansetzte. Ich möchte an dieser Stelle nicht anfangen, den Text detailliert zu analysieren. Lassen Sie den Text einfach auf sich wirken. Oder hören Sie sich besser den

Song an und lassen Sie die Musik und den Text auf sich wirken.[15]

---

[15] Ich verweise wegen des vollständigen Songtextes auf die folgende Internetseite: https://goo.gl/eXqoGG.

24. Wer nichts macht, macht nichts falsch?

„Wir nutzen nur 10 % unseres geistigen
Potentials."

Albert Einstein

Die Überschrift dieses Kapitels ist natürlich nicht ganz ernst gemeint. Jeder weiß, dass dieser Satz falsch ist. Umso erstaunlicher ist es, dass gleichwohl viele Menschen nach diesem Grundsatz handeln und weitgehend untätig bleiben. Wenn jemand sich selbst die Frage stellt, ob er stets korrekt gehandelt hat, dann ist der Fokus häufig darauf gerichtet, festzustellen, dass man nichts Böses und nichts Grundfalsches **getan** hat und eigentlich ganz zufrieden mit sich sein kann. Aber das ist nur die halbe Miete. Entscheidend ist nicht nur, was ein Mensch tut, sondern auch was er unterlässt.

Die „Unterlassungssünden" wiegen mitunter viel schwerer als die Verfehlungen durch aktives Tun. Es geht bei dieser Betrachtung nicht um eine moralische Abrechnung und Selbstanklage. Es geht vielmehr darum, den Blick zu schärfen für die Möglichkeiten zur vollen Entfaltung Ihres Potentials. Viele Menschen glauben an die von Albert Einstein vertretene und oben zitierte These, dass wir in der Regel nur 10% unseres geistigen Potentials nutzen. Es hapert nur bei der Umsetzung dieser Erkenntnis im eigenen Leben. Chancen werden nicht durch Unterlassen genutzt, sondern durch aktives Handeln.

Es ist gut, wenn Sie reinen Gewissens für sich selbst zu der Erkenntnis gelangen, dass Sie im Wesentlichen kein großes Unrecht aktiv begangen haben. Es wäre jedoch besser, wenn Sie sich genau so intensiv der Frage zuwenden, welche Möglichkeiten zum Handeln Sie bisher ungenutzt haben verstreichen lassen. Es geht dabei zuvorderst darum, Chancen zur vollen Entfaltung Ihres Potentials zu erkennen und konsequent zu nutzen. In der Rückschau ist diese Erkenntnis häufig gegeben. Viele Menschen wissen sehr wohl, dass sie zu einem bestimmten Zeitpunkt anlässlich eines bestimmten Ereignisses in der Vergangenheit besser das Heft des Handelns in die Hand genommen hätten. Die Vergangenheit ist jedoch vergangen und nicht mehr zu ändern. Daher ist es viel sinnvoller, den Blick auf die Gegenwart und die Zukunft zu richten und sich zu fragen, welche Möglichkeiten es gibt, die Initiative zu ergreifen und aktiv tätig zu werden. Es ist wie beim Autofahren: Schauen Sie nach vorne, um die nächste gute Möglichkeit zum Abbiegen nicht zu verpassen und schauen Sie nicht zu lange zurück, wo Sie besser hätten abbiegen können oder sollen. Eine zu starke Fokussierung auf den Rückspiegel würde nur das Risiko erhöhen, dass Sie die nächste gute Gelegenheit zum Abbiegen wieder verpassen. Ich denke, dass dieses Bild es sehr gut auf den Punkt bringt.

25. An Problemen wachsen

Die Überschrift dieses Kapitels mag auf den ersten Blick zynisch wirken. Insbesondere wenn Sie gerade akut unter einem Problem leiden, mag Ihnen der Gedanke absurd erscheinen, dass ein Problem Sie tatsächlich weiterbringen soll. Es geht mir auch nicht darum, dass Sie Probleme herbeisehnen sollen, um Wachstum damit zu erzielen. Probleme stellen sich im Leben eines jeden Menschen automatisch ein, ohne dass sie herbeigerufen werden müssten. Es geht mir vielmehr darum, den Umgang mit Problemen zu beleuchten und möglichst konstruktive Wege aufzuzeigen, an der Lösung von Problemen zu arbeiten und nicht an ihnen zu zerbrechen.

Überdurchschnittlich erfolgreiche und glückliche Menschen werden natürlich auch mit Problemen konfrontiert und haben kein problemfreies Leben. Sie haben jedoch in der Regel gelernt, mit Problemen konstruktiv umzugehen. Dabei haben sich folgende Grundsätze bewährt:

1. Problem analysieren und realistisch einschätzen (und nicht durchs Vergrößerungsglas betrachten).

2. Fokussierung auf Lösungsmöglichkeiten zur Beseitigung des Problems statt einer grüblerischen Betrachtung und einer möglichen negativen Weiterentwicklung.

3. Zeitnahe Entscheidung **und** Umsetzung der präferierten Problemlösungsmöglichkeit (Vermeidung eines Aufschubs).

Es ist nachgewiesen, dass Erfolgsmenschen nach dieser Methode mit auftauchenden Problemen verfahren. Wenn Sie konsequent in dieser Reihenfolge vorgehen, dann werden Sie Probleme schnell lösen und sich weniger mit ihnen aufhalten. Das bedeutet, dass Sie sich schneller wieder angenehmen Dingen zuwenden können und das Problem schnell aus dem Kopf bekommen. Fakt ist, dass aufgeschobene und ungelöste Probleme unterschwellig weiter mentale Energie beanspruchen und Sie bei allen anderen Tätigkeiten ausbremsen.

> *"Müde macht uns die Arbeit, die wir liegenlassen,*
> *nicht die, die wir tun."*
> ## Marie von Ebner-Eschenbach

Darüber hinaus ist belegt, dass unterdurchschnittlich erfolgreiche Menschen signifikant häufiger zur „Aufschieberitis" neigen und unnötig lange über ein Problem grübeln, statt sofort aktiv etwas zur Beseitigung desselben zu unternehmen. Das ist die denkbar schlechteste Vorgehensweise. Denn die Zeit des Grübelns könnte viel sinnvoller in aktives Tun investiert werden, um schnell wieder den Kopf frei zu bekommen. Darüber hinaus wird die Stimmung durch grüblerische Betrachtung des Problems in der Regel schlechter und mentale Energien werden beansprucht ohne irgendeinen Nutzen.

Schließlich haben Erfolgsmenschen die Erfahrung gemacht, dass sie bisher in ihrem Leben alle Probleme bewältigt haben. Was in der Vergangenheit gelungen ist, gibt Zuversicht für die Zukunft. Mit einer solchen Einstellung wird die Gefahr reduziert, dass Angst und Verzweiflung den Tatendrang lähmen und dazu führen, dass ein Problem ungelöst liegen bleibt. Außerdem ist es ganz natürlich, Probleme zu haben. Alle Menschen haben Probleme. Auch sehr reiche und mächtige Menschen haben Probleme und bekommen täglich neue hinzu. Denken Sie bitte nicht, dass andere Menschen weniger Probleme haben als Sie. In den meisten Fällen ist diese Einschätzung falsch. Sie ist auch nicht gut, weil sie dazu führt, dass Sie Ihr eigenes Leben schlechter sehen als das von anderen Menschen obwohl es tatsächlich umgekehrt sein kann. Vermeiden Sie daher Gedanken der Art, dass Sie von Problemen verfolgt werden während andere Menschen ihr Leben problemfrei genießen. Denken Sie stattdessen besser, dass Sie nicht mehr Probleme haben als andere und eines nach dem anderen lösen werden. Es sind unterschiedliche Blickwinkel auf ein und denselben Sachverhalt. Der eine Blickwinkel drückt sie stimmungsmäßig nach unten. Der andere Blickwinkel baut Sie auf und ermutigt Sie zum Handeln. Sie haben die Wahl, sich für den aufbauenden und gegen den niederdrückenden Blickwinkel zu entscheiden. Tun Sie es einfach!

26. Wie entscheidend ist die Berufswahl?

Die Berufswahl eines Menschen ist wichtig. Denn wir verbringen alle sehr viel Zeit mit dem Broterwerb und mit der Arbeit. Nach meiner Einschätzung wird die Berufswahl in Deutschland jedoch überschätzt. Es wird vieles auf bloße Ausübung eines Berufes projiziert, ohne genau hinzuschauen. Menschen äußern z.B., dass dieser oder jener Zeitgenosse erfolgreich sei, **denn** er habe den Beruf des Rechtsanwaltes oder des Arztes ergriffen. Eine solche Aussage ist falsch und greift viel zu kurz. Die Ausübung eines bestimmten Berufes sagt noch gar nichts darüber aus, ob jemand erfolgreich ist und sein Potential voll ausschöpft oder nicht. Für eine derartige Schlussfolgerung müsste man im Einzelfall genauer hinschauen. Die bloße Berufswahl und Ausübung eines angesehenen Berufes ist noch lange nicht das Ticket zum Erfolg. Es gibt jede Menge erfolglose Rechtsanwälte und Ärzte, die weit hinter ihren Möglichkeiten zurückbleiben.

Eine ebenfalls häufig vertretene und wenig hinterfragte These ist, dass die getroffene Berufswahl eines Menschen vorgibt, was dieser bis zum Renteneintritt zu arbeiten hat. Das ist ein ziemlich statisches Weltbild, das der Dynamik eines Menschenlebens nicht gerecht wird. Es ist auch eine unnötige Einengung der Perspektive auf eine einzige von sehr vielen Möglichkeiten. Denn Menschen können weitere Berufe erlernen und sich in eine neue Richtung weiterentwickeln. Nirgendwo steht ge-schrieben, dass ein Mensch nur eine Ausbildung machen kann. Außerdem ist der gelernte Beruf nur das Funda-ment, auf dem das Gebäude eines gelungenen Berufsle-bens errichtet werden kann und nicht das Gebäude selbst. Es offenbart sich mithin, dass die verkürzte und simplifizierte Betrachtung verkennt, dass die Berufswahl keine Verurteilung zur lebenslänglichen Ausübung des gelernten Berufes ist. Ich nenne Ihnen ein Beispiel. Ein Kollege, mit dem ich in einer Bank zusammengearbeitet habe, ist gelernter Mediziner. Da er jedoch erkannt hat, dass der Beruf des Arztes doch nicht das richtige für ihn ist, hat er sich zum Banker weiterentwickelt und ist er-folgreich und zufrieden damit geworden. Es ist viel bes-ser, sich einzugestehen, dass ein erlernter Beruf doch nicht den eigenen Neigungen und Talenten entspricht und dann etwas Neues auszuprobieren als sich ohne Not zu lebenslänglicher Ausübung eines gehassten Berufes zu verurteilen. Niemand zwingt Sie dazu, es sei denn Sie zwingen sich selbst durch ein engstirniges Weltbild.

Jetzt mögen Sie einwenden, dass ein Studium und eine Ausbildung Geld kosten und nicht jeder Mensch die finanziellen Möglichkeiten hat, lange herumzuexperi-mentieren. Da haben Sie natürlich Recht. Daher ist es besser, wenn man im ersten Anlauf den richtigen Beruf wählt. Ich rate daher dazu, möglichst bewusst über die Berufswahl nachzudenken und die getroffene Wahl noch mit mindestens einem Praktikum abzusichern, um zu sehen, was die Ausübung eines Berufes im Arbeitsalltag bedeutet. Wenn sich die getroffene Wahl als falsch herausstellt, dann sollte das einen Menschen nicht davon abhalten, eine Kurskorrektur vorzunehmen. Das ist natürlich mit finanziellen Einschränkungen und Opfern verbunden. Das kann man nicht wegdiskutieren. Aber die Kosten einer weiteren Ausbildung sind auf lange Sicht betrachtet eine gute Investition in die Zukunft, die sich vielfach auszahlt (in Geld und in Lebensfreude). Die Alternative, einen gehassten Beruf widerwillig bis zur Rente auszuüben, ist keine echte Alternative, sondern eine unnötige Grausamkeit, aus der nichts Gutes erwachsen wird.

Ich selbst arbeite auch nicht mehr in meinem gelernten Beruf. Ich bin ausgebildeter Jurist und für den Beruf des Richters, Rechtsanwaltes und Staatsanwaltes qualifiziert. Tatsächlich arbeite ich als selbständiger Schriftsteller. Das war für mich eine sinnvolle Weiterentwicklung, die ich zu keiner Zeit bereut habe. Ich hätte mir diese Entwicklungsmöglichkeit verbaut, wenn ich mich auf die Perspektive versteift hätte, dass ich nur den gelernten Beruf ausüben darf und keinen anderen. Außerdem gibt es Berufe, die man gar nicht an einer Universität oder Schule lernen kann. Dazu gehört z.B. der Beruf des Schriftstellers. Auch der Beruf des Managers eines Unternehmens ist kein klassischer Ausbildungsberuf. Häufig sind Manager von Technologieunternehmen gelernte Ingenieure für Maschinenbau oder Elektrotechnik. Tatsächlich beschäftigen sie sich als Manager jedoch mehr mit Zahlen, Verträgen und Menschen als mit Maschinen und elektronischen Bauteilen. Ich kann nichts Falsches daran erkennen, dass ein Maschinenbauingenieur sich zu einem Manager weiterentwickelt. Ich würde mir wünschen, dass man in Deutschland in dieser Hinsicht flexibler denkt und es nicht als Karriereknick oder Bruch im Lebenslauf ansieht, wenn Menschen sich weiterentwickeln und das klassische Feld des erlernten Berufes verlassen.

Die Entscheidung für einen bestimmten Beruf treffen die meisten Menschen in jungen Jahren auf der Grundlage von relativ wenig Lebenserfahrung. Es liegt daher in der Natur der Sache, dass das Risiko einer Fehlentscheidung relativ groß ist. Wenn mich ein junger Mensch um Rat fragt, welchen Beruf er ergreifen soll, dann gebe ich die Empfehlung, sich zunächst der Frage zuzuwenden, wer er ist und welche Stärken und Schwächen er hat. Schließlich kann es hilfreich sein, sich selbst die Frage zu stellen, welche Erwartungen man an einen Beruf hat. Darüber hinaus rate ich dazu, möglichst viele Praktika zu machen und sich mit Menschen zu unterhalten, die einen Beruf bereits ausüben. Dabei sollte man keine Hemmungen haben, die Leute auch nach den Schattenseiten zu fragen.

Irgendwann taucht natürlich auch die Frage auf, wie wichtig das Geld und die Verdienstmöglichkeiten bei der Berufswahl sind. Viele Menschen denken wenig darüber nach, ob und wie sich mit einem ausgeübten Beruf hinreichend Geld verdienen lässt und sind später enttäuscht und frustriert über ihren geringen finanziellen Spielraum. Solche Enttäuschungen kann man durch grundsätzlichere Überlegungen bei der Berufswahl vermeiden.

Wir leben in einer marktwirtschaftlich organisierten Gesellschaft in Deutschland. Der Preis einer Leistung wird durch den Markt bestimmt und durch das Prinzip von Angebot und Nachfrage. Wenn ein Mensch also möglichst viel Geld verdienen möchte mit dem ausgeübten Beruf, dann führt kein Weg daran vorbei, auch in diese Richtung nachzudenken. Machen Sie bitte nicht den Fehler, sich wegen moralischer Skrupel nicht einzugestehen, dass Geld Ihnen wichtig ist. Eine solche Einstellung ist nicht verwerflich. Insbesondere vor dem Hintergrund, dass Geld verbriefte Freiheit ist, kann hinter einem solchen Wunsch auch ein stark ausgeprägtes Freiheitsstreben stecken, das überhaupt nicht verwerflich ist. Je genauer ein Mensch seine Motive und die grundsätzliche Zielrichtung seines Lebens kennt, desto besser kann er seine Berufswahl treffen.

Als ich jung war, haben die Lehrer in der Schule empfohlen, in das Berufsinformationszentrum des Arbeitsamtes zu gehen und dort etwas nachzulesen über verschiedene Berufsbilder. An einem Tag hat sogar die gesamte Schulklasse einen Ausflug dorthin gemacht. Es ist ein typisch deutscher Ansatz, die Menschen durch eine solche Institution auf den rechten Weg führen zu wollen. Ich möchte lieber nicht wissen, wie viele Menschen durch die blumigen Beschreibungen verschiedener Berufsbilder in die Irre geleitet wurden. Die Informationsmappen kamen mir eher wie Werbebroschüren vor und nicht wie realistische Beschreibungen von Berufsbildern. Dann gab es Fragebögen, die je nach den gegebenen Antworten als Ergebnis bestimmte Berufe ausgeworfen haben. Der von mir ausgefüllte Fragebogen führte zu dem Ergebnis, dass der Beruf des Stahlbetonbauarbeiters der richtige für mich sei. Tatsächlich bin ich Jurist und dann Schriftsteller geworden. Ich bin ziemlich sicher, dass der Beruf eines Stahlbetonbauarbeiters nicht der richtige für mich gewesen wäre. Es ist erschreckend, wie viele Menschen durch solche vermeintlich objektiven Entscheidungshilfen des Berufsinformationszentrums auf die falsche Fährte gesetzt werden.

27. Wie findet man die richtigen Mitstreiter?

Wer erfolgreich sein will, wird irgendwann feststellen, dass er dazu auch andere Menschen braucht. Auf lange Sicht ist der Aktionsradius eines einzelnen Menschen zu gering, um damit ein großes Rad zu drehen. Daher wird man zwangsläufig auf die Frage gestoßen, wie man die richtigen Menschen findet, um sie für die eigene Sache zu gewinnen. Darüber hinaus stellt sich die Frage, wie man andere Menschen einbindet (z.B. als Geschäftspartner oder als Mitarbeiter).

Nach meiner festen Überzeugung ist eine grundlegende Voraussetzung für Erfolg eine sehr gute Menschenkenntnis. Wer Menschen sicher einschätzen kann und schnell erkennt, wen er vor sich hat, ist klar im Vorteil. Wer diese Fähigkeit nicht hat, läuft Gefahr an die falschen Geschäftspartner und Mitarbeiter zu geraten. Menschenkenntnis kann man nicht im Supermarkt kaufen. Man eignet sie sich im Laufe des Lebens durch Erfahrung an und man vertraut auf seinen Instinkt. Es ist letztendlich eine Mischung aus beidem: Erfahrung und Instinkt. Menschenkenntnis wird häufig wie eine Geheimwissenschaft zelebriert. Bei Lichte betrachtet ist es jedoch gar nicht so schwierig. Zunächst einmal müssen Sie die eigene Motivation genau kennen. Wenn Sie genau wissen, nach welchen Menschen Sie konkret suchen, dann erhöht das die Chancen ungemein, die richtigen zu finden. Schließlich müssen Sie die Motivation der Menschen analysieren, die Sie in Ihr Team integrieren wollen. Das ist ein sehr wichtiger Punkt. Es wäre zum Beispiel ein fataler Fehler, einen Menschen als Geschäftspartner zu installieren, der von seiner charakterlichen Prägung und von seiner Motivationslage her besser als Mitarbeiter angestellt werden sollte. Das finden Sie dadurch heraus, dass Sie sehr kritisch prüfen, ob der potentielle Kandidat selbst das gleiche will, das Sie von ihm wollen. Ein Geschäftspartner, der mit Ihnen zusammen ein Unternehmen aufbauen und leiten soll, muss eine absolut zuverlässige Person sein. Daher sollten Sie einen solchen Menschen schon länger kennen, um ihn richtig einschätzen zu können. Dazu gehören z.B. Fragen wie: Wie reagiert ein Mensch in einer Stresssituation? Wie geht jemand mit Misserfolgen um? Lässt er sich dann hängen und jammert oder krempelt er die Ärmel hoch und hilft, den Karren aus dem Dreck zu ziehen und schnell wieder auf die Straße zu bringen? Oder vergisst er gar, bei der Problemlösung mitzuhelfen, weil er vollständig damit „ausgelastet" ist, sich eine Rechtfertigung zu basteln, dass ihn jedenfalls keine Schuld an der Misere trifft? Schauen Sie sich auch an, wie ein potentieller Geschäftspartner mit anderen Menschen umgeht und was seine engsten Freunde über ihn berichten. Wenn jemand mit anderen Menschen unfair umgeht, dann wird er es eines Tages auch mit Ihnen tun. Es ist dann nur die Frage, wann er Sie unfair behandeln wird und nicht mehr, ob er es tun wird. Warten Sie lieber etwas länger ab, als voreilig jemanden zum Geschäftspartner zu machen. Der Schaden ist in der Regel sehr groß, wenn Sie die falschen Menschen an Ihre Seite holen.

Auf lange Sicht entstehen stabile Geschäftsbeziehungen nur bei Win-Win-Konstellationen. Das heißt, dass Sie und Ihre Geschäftspartner mehr oder weniger gleichgerichtete Interessen haben müssen in dem Sinne, dass beide profitieren, wenn Sie das gemeinsame Projekt voranbringen. Nehmen wir als Bespiel einen Verlag. Ein Verlag kann nur dann erfolgreich sein, wenn er Autoren fair an den Erträgen aus der Vermarktung eines Buches beteiligt und sie damit motiviert, Höchstleistungen zu bringen. Wenn der Verlag lediglich Hungerlöhne an Autoren zahlt, dann wird er auf lange Sicht nicht erfolgreich sein, auch wenn er auf kurze Sicht höhere Erträge hat. Denn ein erfolgreicher Autor wird bei einem Folgeprojekt zu einem anderen Verlag gehen.

Wichtig ist auch, dass alle Beteiligten realistische Erwartungen haben und wissen, welchen Einsatz sie bringen müssen und welchen Ertrag sie erwarten können. Darüber hinaus müssen Sie den Geschäftspartnern gegenüber die Rahmenbedingungen und die Spielregeln unmissverständlich deutlich kommunizieren. Ich greife noch einmal das Beispiel eines Verlages als Unternehmung auf. Wenn Sie Autoren unter Vertrag nehmen, die erwarten, innerhalb von drei Monaten groß rauszukommen und Millionär zu werden, dann ist Ärger vorprogrammiert, weil das natürlich unrealistisch ist.

Schließlich müssen Sie in der Lage sein, Menschen für eine Sache zu begeistern und sie zu motivieren, Vollgas zu geben. Es ist absolut schädlich, falsche Versprechungen zu machen, um Geschäftspartner zu motivieren, sich mit höchstem Einsatz zu engagieren. Es wäre z.B. keine gute Idee, unfaire Regelungen im Kleingedruckten eines Vertrages zu verstecken, um einen Geschäftspartner zu übervorteilen. Das wird keine guten Früchte tragen, sondern faule Früchte werden das Ergebnis sein. Damit werden Konflikte vorprogrammiert, die auf lange Sicht sehr viel Kraft verbrauchen und wenig zum Erfolg beitragen. Ihr höchstes Gut zur Erreichung von langfristigem Erfolg ist Ihre Glaubwürdigkeit. Wenn Sie glaubwürdig und authentisch sind und Ihre Geschäftspartner und Mitarbeiter die Erfahrung machen, dass man sich auf Sie verlassen kann, dann werden Sie mit hoher Wahrscheinlichkeit langfristig stabile Allianzen schmieden, die Ihnen auf dem Weg zum Erfolg Rückenwind geben.

Jetzt werden Sie vielleicht kritisch anmerken, dass Sie aber gehört haben, dass man Menschen rücksichtslos ausbeuten und hereinlegen muss, um schnell reich zu werden. Schließlich liest man täglich in der Zeitung, dass Leute es so angestellt haben und damit erst einmal durchgekommen sind. Es gibt tatsächlich Menschen, die mit diesen Methoden kurzfristig erfolgreich zu sein scheinen. Wenn Sie aber genauer hinschauen, dann stellen Sie in aller Regel fest, dass diese Zeitgenossen auf lange Sicht Schiffbruch erleiden mit einem solchen „Geschäftsmodell". Es ist in aller Regel nur eine Frage der

Zeit, bis man erneut etwas über diese Leute in der Zeitung liest, das etwa in die Richtung geht, dass diese zum Alkoholiker geworden sind oder sich das Leben genommen haben.

28. Wie viel Geld braucht man, um glücklich zu sein?

„Geld allein macht nicht unglücklich."
Peter Falk

Sagt Ihnen der Name Angus Deaton etwas? Er hat im Jahr 2015 den Wirtschaftsnobelpreis erhalten für seine Forschungen zum Zusammenhang von Geld und Glück. Er hat herausgefunden, dass die Geldmenge, über die ein Mensch verfügt, tatsächlich Einfluss auf seinen Glückslevel hat. Darüber hinaus hat er festgestellt, dass die Zufriedenheit und das Glücksgefühl nicht linear mit der Geldmenge steigen, sondern bis zu einem Einkommen von jährlich 75.000 US-$ (entspricht ca. 70.000 €) stark ansteigen und danach nicht mehr so stark. Damit wurde die landläufig vertretene Meinung widerlegt, dass Geld nicht glücklich macht. Jedenfalls dann, wenn man diese Behauptung so versteht, dass überhaupt kein Zusammenhang zwischen Geld und Glück besteht. Denn ein solcher besteht sehr wohl nach den Erkenntnissen des Wissenschaftlers.

Dass die Zufriedenheit bis zu einem Jahreseinkommen von 75.000 US-$ stärker ansteigt als jenseits dieses Betrages, dürfte damit zusammenhängen, dass bis zu diesem Betrag der Anstieg der finanziellen Freiheit signifikant ist, während er jenseits dieses Betrags nicht mehr so stark ins Gewicht fällt. Mit anderen Worten: Wer über ein Einkommen von 140.000 € verfügt, ist nicht doppelt so frei wie jemand, der 70.000 € verdient. Im Vergleich zu einem Menschen mit einem Einkommen von beispielsweise 35.000 € verschafft ein Einkommen von 70.000 € jedoch wesentlich mehr Spielraum, der sich durchaus wie eine Verdopplung der Freiheit anfühlen kann. Darüber hinaus hat der Nobelpreisträger Deaton herausgefunden, dass eine dauerhafte Einkommenssteigerung glücklicher macht als ein einmalig vereinnahmter großer Geldbetrag. Das belegen auch Beobachtungen von Lottogewinnern über längere Zeiträume.

Bei Lichte betrachtet geht es offenbar nicht so sehr um das Geld an sich, sondern um die Freiheit, die Geld verschaffen kann. Geld ist verbriefte Freiheit, wenn man es im richtigen Licht sieht. Unter diesem Blickwinkel ist nicht das Geld an sich entscheidend für das Glück, sondern die damit gewonnene Freiheit und Unabhängigkeit. Sicherlich kommen auch noch Annehmlichkeiten hinzu, die man mit Geld kaufen kann wie Reisen und ein schöneres Haus zum Wohnen. Wichtiger erscheint mir jedoch der Aspekt der Freiheit, den Geld bedeuten kann. Das klingt zunächst einmal abgedroschen und nicht weiter wichtig. Es ist jedoch eine wichtige Erkenntnis.

Fragen Sie sich selbst, wozu Sie mehr Geld haben wollen! Wenn Ihre Antwort in die Richtung geht, dass Sie einen Mercedes fahren wollen damit der Nachbar neidisch wird, dann bin ich ziemlich sicher, dass Ihre Einstellung zu Geld das Problem ist und nicht ein Mangel an Geld. Denn Geld als Statussymbol und mit Geld erworbene Statussymbole steigern das Glücksgefühl nicht nachhaltig. Es kann sogar zu einem Stressfaktor werden, wenn man sich ständig mit anderen vergleicht und viel Zeit und Kraft dafür aufwendet, um seinen Wohlstand mit den aktuell angesagten Statussymbolen zur Schau zu stellen. Es ist auch problematisch, wenn Ihr Selbstwertgefühl von Statussymbolen abhängt. Auch das signalisiert eine Unfreiheit und Abhängigkeit. Wenn Sie hingegen sagen, dass Sie möglichst viel Geld anstreben damit Sie über Ihre Zeit möglichst frei verfügen können und möglichst unabhängig sind, dann signalisiert das eine gesunde Einstellung zu Geld als verbriefter Freiheit. Zu diesen Erkenntnissen passen auch andere Forschungsergebnisse, dass mit Geld **nicht** zu kaufende Werte entscheidender für das Glücksempfinden sind als solche, die käuflich sind. Dazu gehören z.B. sinnvolle Tätigkeiten in Beruf und Freizeit sowie physische und psychische Gesundheit. Insbesondere Gesundheit ist eine der wichtigsten Voraussetzungen für das Glücksempfinden. Und Gesundheit können Sie nicht mit Geld kaufen. Eine Beschädigung Ihrer Gesundheit hat unmittelbaren Einfluss auf Ihre persönliche Freiheit und Unabhängigkeit. Stellen Sie sich selbst die folgende Frage: Wenn Sie wählen könnten zwischen Gesundheit und Ihrer jetzigen finanziellen Ausstattung einerseits oder schwerer Krankheit und einem Vermögen von beispielsweise 100 Millionen € andererseits, würden Sie sich nach einigem Nachdenken sicher für die Gesundheit entscheiden. Und das aus guten Gründen.

Wir alle kennen die folgende Behauptung: „Geld verdirbt den Charakter!" Was meinen Sie? Stimmt diese Behauptung oder nicht? Ich bin davon überzeugt, dass sie nicht stimmt. Es ist vielmehr so, dass der Charakter bereits verdorben war, wenn eine größere Menge Geld zu einer plötzlichen Verhaltensänderung führt. Wer wirklich begreift, dass Geld verbriefte Freiheit ist und wer mit der gewonnenen Freiheit weise und verantwortungsvoll umgeht, für den stellt eine größere Geldmenge keine Gefahr für den Charakter dar.

29. Verantwortung übernehmen und Entscheidungen treffen!

„Wenn Du Dich weigerst, die Verantwortung für Deine Niederlagen zu übernehmen, wirst du auch nicht für Deine Siege verantwortlich sein."
Antoine de Saint-Exupéry

Unzufriedene Menschen beklagen sich häufig, dass ihr Leben nicht so erfolgreich und glücklich sei, weil dieser oder jener Mensch ihnen Hindernisse in den Weg geräumt habe. In diese Kategorie gehören z.B. Aussagen wie: *„Ich könnte beruflich viel erfolgreicher sein, wenn mein Chef endlich erkennen würde, dass ich gut bin und mich entsprechend befördern würde."* Es mag Fälle geben, in denen Chefs mit Charaktermängeln tatsächlich Mitarbeiter gezielt behindern und klein halten. Aber viel häufiger dürfte der Fall sein, dass Menschen sich das einreden, um die Verantwortung für ausbleibenden Erfolg nicht selbst tragen zu müssen. Das Fatale ist, dass gerade durch ein solches Denken verhindert wird, dass Menschen erfolgreich und glücklich werden. Die Übernahme der Verantwortung ist eine fundamental wichtige Voraussetzung für ein überdurchschnittlich erfolgreiches und glückliches Leben.

Natürlich hat Verantwortung tragen auch eine negative und angstbesetzte Seite, weil eben auch die Verantwortung für ein mögliches Scheitern übernommen wird. Aber der positive Aspekt überwiegt bei weitem. Verantwortung tragen heißt, Gestaltungsspielraum zu nutzen und Einfluss auf das eigene Schicksal zu nehmen. Wer sonst, wenn nicht Sie selbst, sollte die Verantwortung für Ihr Leben tragen? Außerdem ermutigt diese Erkenntnis, sich der Verantwortung zu stellen und aktiv Chancen zu nutzen. Schließlich ist die bewusste Übernahme der Verantwortung auch ein gutes Mittel zur Stärkung des Selbstbewusstseins und zur Bekämpfung lähmender Angst. Wer bewusst handelt und sich der Verantwortung stellt, fühlt sich weniger als Opfer und weniger hilflos. Die Vorteile überwiegen also bei Weitem die Nachteile.

Außerdem ist es so, dass der Versuch einer Verschiebung der Verantwortung auf andere Menschen tatsächlich keine Entlastung bringt. Denn die Konsequenzen eines Scheiterns müssen ohnehin selbst getragen werden. Außerdem kann sich ein Scheitern nicht nur aus Fehlentscheidungen ergeben, sondern auch aus Untätigkeit. Untätigkeit ist häufig die schlechteste Wahl und damit eine maßgebliche Ursache für ein Scheitern. Es ist typisch für untätige Menschen, dass sie eine Entscheidung so lange aufschieben, bis nur eine letzte Alternative übrigbleibt. Diese stellt aber meistens die schlechteste Wahl dar und ist bei Lichte betrachtet auch keine Wahl mehr, sondern ein Fügen in das Unausweichliche und ein Davonlaufen vor Entscheidungen. Wenn man gezielt einen Blick auf das Leben von sehr erfolgreichen Menschen wirft und der Frage nachspürt, wo die Ursachen für den Erfolg liegen, dann stellt man häufig fest, dass diese ihr ganzes Leben lang immer die Verantwortung für sich selbst getragen und zusätzlich Verantwortung für das Schicksal zahlreicher anderer Menschen übernommen haben.

Entscheidungen zu treffen und zu diesen Entscheidungen zu stehen, ist ein wichtiger Trittstein des Erfolges. Es ist daher kaum überraschend, dass entscheidungsfreudige Menschen in aller Regel erfolgreicher sind als Menschen, die Entscheidungen vor sich herschieben. Aber nicht nur das. Entscheidungsfreude führt auch zu einer größeren Zufriedenheit und zu geringerer emotionaler Belastung. Denn nicht getroffene Entscheidungen belasten unterschwellig weiter und beanspruchen mentale Energie, weil sie eben nur verdrängt und nicht erledigt sind. Die „Aufschieberitis" von Entscheidungen hat daher bei Lichte betrachtet nur Nachteile. Darüber hinaus ist belegt, dass aufgeschobene und später unter unausweichlichem Druck getroffene Entscheidungen in aller Regel qualitativ schlechter waren als zeitnah getroffene Entscheidungen. Die schlechtesten Ergebnisse sind dann herausgekommen, wenn eine Entscheidung gar nicht getroffen wurde. Das ist durch Untersuchungen und Umfragen unter Managern belegt. Ich will damit nicht sagen, dass Sie Entscheidungen ohne Überlegung über das Knie brechen sollten. Sie sollten vielmehr zeitnah alle erforderlichen Informationen zusammentragen, um dann ohne Zögern eine Entscheidung zu treffen. Nur solche Entscheidungen sollten verschoben werden, für die notwendige Informationen noch nicht vorliegen. So gehen Erfolgsmenschen vor.

Es ist aufschlussreich, einen Blick auf die „Argumente" zu werfen, die Anhänger der „Aufschieberitis" dafür anführen, dass sie eine Entscheidung aufschieben oder gar nicht treffen. Häufig ist es die Angst vor Fehlentscheidungen und vor Veränderungen. Menschen geben z.B. an, dass sie zwar keine Lust mehr auf ihre Arbeit haben und seit Jahren nur noch Dienst nach Vorschrift machen. Gleichwohl fehlt ihnen der Mut, Alternativen konkret anzugehen und Entscheidungen zu treffen. Sie verharren in einem Schwebezustand, in dem sie wissen, dass sie „im falschen Film" sind und vergeuden damit ihre Kräfte sinnlos durch die Marterung ihres Gehirns mit negativen Gedanken der folgenden Art: *„Eigentlich müsste ich etwas verändern. Aber ich weiß ja auch nicht, ob es dann besser wird. Schließlich garantiert mir niemand, dass ein anderer Beruf mich glücklicher macht...".* Solche Gedanken sind entlarvend und signalisieren überdeutlich, dass jemand sich in negativen Gedankenschleifen befindet und vor Entscheidungen davonläuft. Es ist natürlich nicht verwunderlich, dass derart denkende Menschen weder erfolgreich noch glücklich sind. Häufig sind diese Menschen sogar von Depressionen und psychischen Erkrankungen bedroht, weil sie sich mit ihrer Geisteshaltung selbst schaden und schwächen.

> *„Der größte Fehler, den man im Leben machen kann, ist, immer Angst zu haben, einen Fehler zu machen."*
> **Dietrich Bonhoeffer**

Es ist schade, dass viele Menschen ihr Leben derart ungenutzt lassen und statt der Ausschöpfung ihres Potentials lieber ein Leben lang in Mittelmäßigkeit und Unzufriedenheit verharren. Bei Lichte betrachtet, sollten sie nicht vor einer Veränderung Angst haben, sondern davor, dass sie in der Stunde ihres Todes feststellen müssen, dass sie das Geschenk des Lebens nicht angenommen und nichts Sinnvolles damit gemacht haben.

Wenn Sie auf Ihr Leben zurückblicken, dann werden Sie feststellen, dass die gegenwärtige Situation das Ergebnis eines ganzen Bündels von Entscheidungen ist, die Sie in der Vergangenheit getroffen haben. Von der Qualität der Entscheidungen hängt ab, ob Ihr Leben sich in eine gute oder eine schlechte Richtung entwickelt hat. Jede einzelne Entscheidung ist wie ein Steuerungsimpuls, der dem Schiff Ihres Lebens eine leicht veränderte Richtung gibt. Eine kleine Entscheidung mag zunächst einmal wenig in der Gegenwart und in der nahen Zukunft bewirken. Aber die Summe von vielen kleinen Entscheidungen hat maßgeblichen Einfluss auf Ihr Leben und verändert die Richtung langfristig. Das gilt für große Entscheidungen natürlich noch viel mehr.

Verharren Sie bei der Analyse Ihrer bisherigen Entscheidungen bitte nicht zu lange gedanklich in der Vergangenheit, sondern konzentrieren Sie sich auf das hier und jetzt und überlegen Sie, welche Lehren Sie aus der Vergangenheit ziehen können, um die Qualität Ihrer Entscheidungen in der Gegenwart und in der Zukunft zu verbessern. Davon hängt ab, wo Sie in 5, 10 oder 20 Jahren stehen werden. Sie haben viel mehr Einfluss auf Ihr Leben als Sie denken. Nutzen Sie ihn, um Ihr Leben von jetzt an mit guten Entscheidungen in eine gute Richtung zu bringen!

Konzentrieren Sie sich dabei auf die Chancen und nicht zu sehr auf Risiken, die Änderungen mit sich bringen. Sonst laufen Sie Gefahr, aus Angst überhaupt keine Entscheidungen zu treffen und Chancen wegzuwerfen. Es kann dabei hilfreich sein, dass Sie die verschiedenen Bereiche Ihres Lebens separat betrachten und überlegen, wie Sie jeweils die Qualität Ihrer Entscheidungen verbessern können. Das kann sich auf Ihr Berufsleben (Verhältnis zum Chef und zu Kollegen, Fachwissen, Weiterbildung) und auf Ihr Privatleben (Gesundheit, Partnerschaft, Freizeitgestaltung, Beziehung zu Familie, Verwandten und Freunden) beziehen. Wenn Sie diese Bereiche separat auf Verbesserungspotential hin betrachten, kann allein das schon den positiven Effekt haben, dass Sie bewusster Entscheidungen treffen und sich der Verantwortung für Ihr Leben stellen.

Abschließend möchte ich den Blick noch darauf richten, was Ihnen helfen kann, gute und schnelle Entscheidungen zu treffen. Viele Menschen zögern bei Entscheidungen, weil sie keine grundlegende Orientierung haben, die die Kriterien der Entscheidung vorgibt. Eine Entscheidungsschwäche kann auch darauf beruhen, dass grundlegende Weichenstellungen noch nicht erfolgt sind. Nehmen wir folgendes Beispiel: Ein Mensch, der aus Überzeugung stets authentisch und geradlinig kommuniziert, wird leichter und schneller zu einer Entscheidung kommen, die eine offene Benennung von Problemen und Verantwortlichkeiten erfordert. Ein zögerlicher Mensch hingegen, der solche grundsätzlichen Entscheidungen (noch) nicht gefällt hat, wird ängstlich abwägen, ob es geschickter ist, das Problem zu ignorieren und auszusitzen oder offen anzusprechen. Es ist daher nachvollziehbar, dass der Typus ohne die getroffene Grundentscheidung für geradlinige und authentische Kommunikation größere Probleme bei dieser Entscheidung hat. Fragen Sie sich sehr kritisch selbst, warum Sie sich in einer bestimmten Situation mit einer schnellen Entscheidung schwer tun. Das kann Ihnen helfen, an Ihrer grundlegenden Programmierung zu arbeiten, um für künftige Entscheidungen besser gerüstet zu sein.

30. Keine Chancen ohne Risiken

„...Ein neuer Weg ist immer ein Wagnis. Aber wenn wir den Mut haben loszugehen, dann ist jedes Stolpern und jeder Fehltritt ein Sieg über unsere Ängste, über unsere Zweifel und Bedenken...“

Demokrit

Achten Sie einmal bewusst darauf, wie sich Menschen zu ein und derselben Sache äußern. Sie können das z.B. in Meetings am Arbeitsplatz beobachten, wenn etwa die Einführung eines neuen Produktes oder die Erschließung neuer Absatzmärkte diskutiert werden. Obwohl alle im Prinzip über den gleichen Sachverhalt sprechen, gibt es in der Regel zwei Fraktionen. Die eine Fraktion betrachtet in erster Linie die Chancen und die andere Fraktion in erster Linie die Risiken. Sicherlich müssen bei einer gut durchdachten Entscheidung beide Aspekte bedacht werden. Aber es sagt etwas über die grundsätzliche Orientierung eines Menschen aus, ob er sich auf Chancen oder Risiken fokussiert. Probieren Sie es aus! Sie werden interessante Erkenntnisse gewinnen.

Ängstliche Menschen betrachten Risiken in der Regel durch das Vergrößerungsglas und Chancen durch das Verkleinerungsglas. Das entspricht einer Geisteshaltung, die meist nur Mittelmäßigkeit nach sich zieht. Denn bei einer derart verzerrten Sichtweise bleiben viele Chancen ungenutzt, weil sie durch Fokussierung auf überdimensional verzerrte Risiken vertan werden. Bei depressiv verstimmten Menschen wird die Verzerrung der Perspektive besonders deutlich. Der Geist ist dann einseitig auf die Wahrnehmung von Risiken und Problemen fokussiert und nimmt Chancen kaum noch wahr. Bei euphorischen Menschen kann dieser Effekt umgekehrt sein und dazu führen, dass reale Risiken vollständig ausgeblendet werden. Verstehen Sie mich bitte nicht falsch. Ich rate nicht dazu, Risiken auszublenden und nur noch Chancen zu sehen. Ich rate vielmehr dazu, sehr kritisch zu prüfen, ob die Chancen und Risiken in der realistischen Proportion gesehen werden. Denn nur eine realistische Betrachtung von Chancen und Risiken führt zu guten Entscheidungen. Und gute Entscheidungen sind das Fundament eines erfolgreichen Lebens.

31. Die 80-zu-20-Regel (Paretoprinzip)

Haben Sie schon einmal vom Paretoprinzip gehört? Es geht zurück auf Vilfredo Pareto (1848 bis 1923) und besagt, dass im statistischen Durchschnitt 80% der Arbeitsergebnisse mit 20% der eingesetzten Zeit erzielt werden. Das bedeutet im Klartext, dass auf die letzten 20% Ergebnisse 80% Zeiteinsatz entfallen. Das ist eine sehr schlechte Ausbeute der eingesetzten Zeit für die Steigerung des Ergebnisses von 80% auf 100%. Es lohnt sich daher, bewusst über den Zeitaufwand und die damit erzielbaren Ergebnisses nachzudenken, um Verbesserungspotential zu nutzen und insgesamt effizienter zu arbeiten.

Eine unverzichtbare Grundvoraussetzung für Erfolg ist Effizienz. Effizienz ist nichts anderes als zur richtigen Zeit das Richtige zu tun, um möglichst viel zu erreichen in möglichst kurzer Zeit. Das wiederum ist nur dann möglich, wenn Sie Prioritäten setzen. Wer keine Prioritäten setzt, verzettelt sich zwangsläufig. Also müssen Sie zunächst Klarheit darüber gewinnen, was Ihnen wichtig ist und in welcher Reihenfolge Sie vorgehen wollen. Für die effiziente Organisation eines Arbeitstages ist das sofort einleuchtend. Niemand würde ernsthaft bestreiten, dass ein Arbeitstag ohne richtige Prioritätensetzung in der Regel ineffizienter verläuft als ein solcher mit klaren Prioritäten. Warum aber auf Prioritäten verzichten, wenn es nicht nur um einen einzigen Arbeitstag geht, sondern um Ihr gesamtes Leben und Ihre Lebensplanung?

Es ist erstaunlich, dass viele Menschen auf halber Strecke stehen bleiben und ihre Prioritäten bestenfalls für einen Tag richtig setzen. Eigentlich weiß jeder Mensch, dass das Leben endlich ist und man sich gut überlegen muss, wie man die verfügbare Zeitspanne des Lebens nutzen möchte. Und genau hier trennt sich die Spreu vom Weizen: Erfolgsmenschen haben früh in ihrem Leben begonnen, darüber nachzudenken, was sie erreichen wollen und wie sie die Prioritäten setzen müssen, um das Beste aus ihrem Leben zu machen. Sie wenden praktisch die Erkenntnisse aus dem Paretoprinzip an und konzentrieren sich auf die Tätigkeiten, mit denen ein größerer Effekt mit geringerem Zeiteinsatz erzielt werden kann. Das setzt natürlich voraus, dass man sich von der Vorstellung verabschiedet, dass immer alles 100%ig sein muss. Tatsächlich ist es sogar kontraproduktiv, immer 100%ige Ergebnisse anzustreben. Wichtig ist vielmehr, Prioritäten geschickt zu setzen und damit mehr zu erreichen. Stellen Sie sich eine einfache Frage: Wie lange haben Sie nach der statistischen Lebenserwartung noch zu leben? Dann stellen Sie sich die die Frage, was Sie in der statistisch verbleibende Zeit erreichen wollen. Wenn Sie das getan haben, werden Sie feststellen, dass die verbleibende Zeit verdammt knapp bemessen ist, um all das noch zu erreichen, was Sie sich für Ihr Leben erhoffen. Diese Überlegungen sollen Sie nicht panisch machen oder Frust erzeugen. Sie sollen Ihnen vielmehr vor Augen führen, wie wertvoll Zeit ist und wie wichtig es ist, dass Sie mit diesem Gut bewusst und klug umgehen. Wenn Sie insoweit Klarheit gewonnen haben, was Sie noch erreichen wollen in Ihrem Leben, dann können Sie als nächstes daran gehen, aufzulisten, was Sie erledigen müssen, um den Zielen näher zu kommen und diese zu einem angepeilten Zeitpunkt zu erreichen. Daraus ergibt sich eine Fülle von Aufgaben, die zu erledigen sind. Diese Aufgaben müssen Sie nun in eine sinnvolle Reihenfolge bringen. Mit anderen Worten: Sie müssen Prioritäten setzen! Sie werden zunächst erschlagen sein von einer solchen Bestandsaufnahme. Und Sie werden feststellen, dass Sie nie wieder Langeweile haben müssen. Denn es gibt jede Menge zu tun. Wenn Sie dieser Empfehlung konsequent folgen, werden Sie schließlich feststellen, dass es sich gut anfühlt, planmäßig das anzupacken und erfolgreich abzuschließen, was gerade dran ist. Es gibt ein gutes Gefühl und stärkt das Selbstbewusstsein, abends festzustellen, dass man alle anstehenden Aufgaben in der richtigen Reihenfolge erfolgreich erledigt hat. Das ist ein viel besseres Gefühl als sich am Ende des Tages oder gar den ganzen Tag lang mit abstrakten Gedanken herumzuquälen, dass man leider wieder nur unterdurchschnittlich ergebnislos herumelaboriert hat, ohne irgendetwas Konkretes erreicht zu haben. Schließlich brauchen Sie nie wieder ein schlechtes Gewissen zu haben, dass Sie Aufgaben vor sich hergeschoben haben statt diese zu erledigen sobald Sie dazu die Gelegenheit hatten. Denn mit Ihrer Prioritätenliste machen Sie alles in der festgelegten Reihenfolge. Ein schlechtes Gewissen erledigt keine Aufgaben, sondern frisst nur Kraft und Energie. Daher haben Sie mit einer intelligenten Prioritätensetzung auch an dieser Front sinnvoll umgesteuert. Das macht den entscheidenden Unterschied zwischen Erfolg und Erfolglosigkeit aus.

Prioritätenlisten lassen sich leicht elektronisch in Form einer Datei erstellen. Sie können jederzeit etwas Neues eintragen, sobald es Ihnen einfällt. Sie können z.B. ein Feld vorsehen, in das Sie einen Haken setzen sobald eine Aufgabe erledigt ist. Bei der Erstellung einer Prioritätenliste zwingen Sie sich zudem, Überlegungen über den Zeitaufwand für die Erledigung von Aufgaben anzustellen. Auch das hilft Ihnen, Ihre Effizienz zu steigern und nicht in die Falle der 80-zu-20-Regel des Paretoprinzips zu tappen. Glauben Sie mir. Es ist sehr gut investierte Zeit, solche Listen zu erstellen. Sie können diese z.B. zunächst für einen Monat erstellen. Am Anfang des Monats entwickeln Sie auf Grundlage der Generalplanung für Ihr restliches Leben die Aufgaben, die in diesem Monat sinnvoll erledigt werden können und erledigt werden sollten. Bei einem Zeitraum von einem Monat sollte es möglich sein, einerseits nicht zu kurzfristig zu planen, andererseits aber auch nicht zu viele Dinge in Ihrer Liste zu haben. Probieren Sie es aus und ziehen Sie für sich Bilanz, ob es Ihnen hilft oder nicht. Ich bin sicher, dass Sie eine positive Bilanz ziehen werden, wenn Sie es ernsthaft auch nur für drei Monate ausprobieren.

32. Welche Rolle spielt der Umgang mit Niederlagen?

„Der größte Ruhm im Leben liegt nicht darin, nie zu fallen, sondern jedes Mal wieder aufzustehen."
Nelson Mandela

Wenn man sich die Lebensläufe von extrem erfolgreichen Menschen ansieht, dann stellt man häufig fest, dass diese nicht im ersten Anlauf erfolgreich waren, sondern häufig erst im zweiten oder dritten Anlauf. Nehmen wir als Beispiel Herrn Jen-Hsun Huang. Wissen Sie, wer das ist? Er ist Mitbegründer und Vorstandsvorsitzender des Unternehmens Nvidia in Kalifornien. Das Unternehmen stellt Grafik-Chips und Grafikkarten für Computer her. In dem Computer, auf dem ich gerade diese Zeilen schreibe, ist auch eine Grafikkarte von Nvidia eingebaut. Das dürfte für Ihren Computer mit hoher Wahrscheinlichkeit auch zutreffen. Mittlerweile ist Nvidia der größte und erfolgreichste Hersteller von Grafik-Chips und Grafikkarten weltweit. Aber das Unternehmen war nicht von Anfang an erfolgreich. Die erste Generation von Grafik-Chips von Nvidia war ein Flop und bescherte dem jungen Unternehmen in den ersten Jahren nach der Gründung schmerzhafte Verluste.

Doch Jen-Hsun Huang gab nicht auf und brachte eine zweite Generation von Grafik-Chips heraus. Diese verhalf dem Unternehmen schließlich zum Durchbruch und legte das Fundament für eine legendäre Erfolgsgeschichte. Ohne die Fähigkeit, mit der Niederlage und dem Stress aus den Verlusten des Unternehmens konstruktiv umzugehen, hätte Jen-Hsun Huang nicht die Kraft gefunden, einen zweiten Anlauf zu unternehmen und schließlich erfolgreich zu sein. Dieses Beispiel ist kein Einzelfall. Es gibt zahlreiche legendäre Unternehmer, die erst nach mehreren Fehlschlägen erfolgreich geworden ist.

> *„Kleine Seelen werden durch Erfolg übermütig*
> *und durch Misserfolg niedergeschlagen."*
> **Epikur**

Die Fähigkeit zum richtigen Umgang mit einer Niederlage ist sehr wichtig für nachhaltigen Erfolg. Bei langfristiger Betrachtung sind sogar häufig die Menschen erfolgreicher, die nicht im ersten Anlauf Erfolg hatten. Es kommt sogar vor, dass Menschen in der Rückschau beklagen, dass ein schneller Anfangserfolg sie nachlässig gemacht und dazu geführt hat, dass sie ihr Potential nicht voll ausgeschöpft haben. Das führt dann zu Äußerungen, die etwa so lauten: *„Seit wir anfingen, uns im Erfolg zu sonnen und viel Zeit damit verbrachten, Pressemitteilungen über unsere Erfolge zu lesen, ging es bergab."*

Bei Menschen, die zunächst eine Niederlage verdauen mussten, gibt es einen umgekehrten Effekt. Sie berichten, dass die schmerzhafte Niederlage Kraftreserven mobilisiert und ihren Willen angestachelt hat, wie es ohne die Niederlage kaum möglich gewesen wäre. Außerdem gehen diese Menschen mit dem dann schließlich erkämpften Erfolg sorgsamer um, weil sie wissen, wie bitter eine Niederlage ist.

Niederlagen und Fehlschläge darf man niemals zum Anlass nehmen aufzugeben. Eines der Mottos meines Lebens lautet: *„Life never gives up!"* Ich habe diesen Spruch vor vielen Jahren während eines Auslandsstudiums in einer Kneipe auf einer Postkarte gelesen. Auf dem Bild war eine junge Frau abgebildet, die ein Ölgemälde über dem Kopf trug und sich damit vor einem kräftigen Regenschauer schützte. Die bemalte Fläche der Leinwand war dabei nach unten gewandt und so vor dem Regen geschützt. Ich kann aus eigener Erfahrung bestätigen, dass Niederlagen und Fehlschläge einen stärker machen können. Wichtig ist der richtige Umgang mit Fehlschlägen. Sie sollten diese niemals zum Anlass nehmen, an Ihrem Wert oder an Ihren Fähigkeiten zu zweifeln. Fassen Sie einen Fehlschlag als Fingerzeig des Lebens auf, eine Kurskorrektur vorzunehmen. Genau das ist er und nichts anderes. Mit dieser Einstellung reduzieren Sie die Gefahr, dass Sie durch eine Niederlage demoralisiert werden.

Je häufiger Sie die Erfahrung machen, nach einem Sturz erfolgreich wieder aufzustehen, je mehr festigt sich die Erkenntnis, dass es nicht so schwer ist, wie Menschen es sich einreden. Es gibt Menschen, die eine kleine oder mittlere Niederlage zum Anlass nehmen, ein Leben lang über die Ungerechtigkeit des Schicksals zu klagen und bis ans Ende ihrer Tage liegen zu bleiben, statt sofort wieder aufzustehen. Bei Lichte betrachtet ist es dann nicht das Schicksal, das grausam zu diesen Menschen ist, sondern sie selbst sind es. Mit anderen Worten: Das Leben ist so grausam zu uns wie wir es zulassen. Ich sage Ihnen noch etwas: Ich habe deutlich größeren Respekt vor Menschen, die sich von unten nach oben gekämpft haben und immer wieder Niederlagen verkraften mussten als vor Menschen, die von Geburt an oben waren und sich „nur" dort gehalten haben. Die Kämpfernaturen und Stehaufmännchen sind häufig reifer und weiser und im persönlichen Umgang bereichernder.

Nun werden Sie vielleicht denken, dass das ja alles stimmen mag für kleine Pannen und Pleiten. Aber gegen die großen Schicksalsschläge helfe das doch alles nicht. Ich hatte Ihnen weiter oben in diesem Buch etwas über das Leben von Stephen Hawking berichtet, der seit Ausbruch seiner Krankheit im Jahre 1968 an den Rollstuhl gefesselt ist und nur mithilfe eines Computers und eines Sensors im Mund sprechen kann. Sie werden mir sicherlich zustimmen bei der Einschätzung, dass eine derart schwere Erkrankung keine kleine Panne ist, sondern ein sehr schwerer Schicksalsschlag. Und dennoch hat Hawking nicht aufgegeben und seine Arbeit fortgesetzt und weiterhin wissenschaftliche Spitzenleistungen vollbracht. Wie Sie sehen, ist der Umgang mit einem Schicksalsschlag entscheidender als die Schwere desselben.

Schließlich sind Niederlagen und Krisen auch eine Chance für einen Neuanfang und ein Umdenken. Sie zwingen uns zum Nachdenken und Innehalten. Sie können mentale Kräfte mobilisieren, die ohne die Niederlage nicht verfügbar wären. Es gibt nicht wenige Menschen, die berichten, dass eine schwere Niederlage auf lange Sicht die Initialzündung für einen Prozess war, der viel größere Erfolge nach sich gezogen hat. Die durch die Niederlage zerstörten Werte können sich in der Rückschau als lächerlich unbedeutend herausstellen. Wenn Menschen an Niederlagen zerbrechen, dann ist es in aller Regel nicht die Wirkung der Niederlage selbst, sondern der falsche Umgang damit, der auf lange Sicht ein Vielfaches an Schaden verursacht im Vergleich zur Niederlage selbst. Die größten Grausamkeiten und Verletzung fügen Menschen sich selbst zu. Das ist eine wichtige Erkenntnis, die vor tragischen Entwicklungen bewahren kann.

33. Burn-Out und Bore-Out

Die Begriffe Burn-Out und Bore-Out sind heutzutage in aller Munde. Der Begriff Bore-Out stammt von dem englischen Begriff „bore" (= Langeweile). Obwohl die Medien geradezu überflutet sind mit Pressemitteilungen zu dem Thema, liest man selten etwas Tiefgründiges dazu.[16] Jeder scheint auch etwas anderes darunter zu verstehen. Genauso bunt und unstrukturiert sind die Erklärungsversuche für die Ursachen. Eine weitergehende Analyse der Ursachen erfolgt in der Regel nicht.

Im Kern werden unter diesen Begriffen Ermüdungserscheinungen beschrieben, die einen Menschen psychisch und physisch in Schieflage bringen können. In der extremen Ausprägung können sie sogar zu einem vollständigen Ausfall der Leistungsfähigkeit führen. Als übliche Auslöser werden Überforderung für Burn-Out und Unterforderung für Bore-Out genannt. Ein Bore-Out kann von gleichzeitig hoher Geschäftigkeit und reduzierter Leistungsfähigkeit sowie emotionaler Erschöpfung begleitet sein.

Natürlich ist einleuchtend, dass eine Überforderung im Beruf belastend ist und auf lange Sicht die volle Leistungsfähigkeit und die Gesundheit angreift. Es sollte

---

[16] Beispielhaft verweise ich auf einen Artikel im Focus vom 05.05.2017, den Sie unter dem folgenden Kurzlink finden: https://goo.gl/Cy7wXo

jedoch genauer hingeschaut werden. Denn häufig werden die Ursachen der Überforderung nicht weiter beleuchtet. Eine Überforderung kann auf **äußere Ursachen** zurückzuführen sein. Mit anderen Worten: Zu viele Aufgaben oder Organisationsmängel und damit einhergehend punktuelle oder regelmäßige Überbelastungen. Häufig resultiert eine schlechte Verteilung der Aufgaben in einem Unternehmen aus Organisationsmangeln und führt damit zur Überforderung einzelner Mitarbeiter. Betriebswirtschaftlich ist es natürlich nicht sinnvoll, Arbeit so ungleich zu verteilen, dass Überbeanspruchung einzelner Glieder der Leistungskette auftritt und damit zum Ausfall der betroffenen Mitarbeiter führt. Daher dürfte es im Regelfall nicht der Intention der Geschäftsführung entsprechen, einzelne Mitarbeiter über Gebühr zu belasten. In solchen Fällen kann es deshalb schon helfen, sachlich und hartnäckig auf die Organisationsmängel hinzuweisen, um eine Veränderung herbeiführen und Entlastung zu bekommen. Schwierig wird es dann, wenn die Organisationsmängel mit der daraus resultierenden Überforderung trotz wiederholter Hinweise und Forderungen nicht abgestellt werden.

Dann gibt es schließlich **innere Ursachen**, die eine gefühlte Überforderung auslösen und damit zu einem Burn-Out führen können. Diese Ursache scheint sogar häufiger vorzukommen als äußere Ursachen. Wenn jemand z.B. zum Perfektionismus neigt und alle Aufgaben immer perfekt erledigen will, dann kann das dazu führen, dass er sich selbst massiv stresst und damit mehr Kraft verbraucht als sinnvoll und erforderlich ist.[17] Gerade in Kombination mit einer Überbelastung aufgrund äußerer Umstände (zu viele Aufgaben und schlechte Organisation) kann schnell ein bedenklicher Stresslevel erreicht werden, der an die Substanz geht. Häufig tritt ein Burn-Out nach einer Beförderung eines Mitarbeiters auf, der plötzlich Organisationsverantwortung und Personalführungsverantwortung bekommt und nicht mehr allein für die möglichst gute Erledigung seiner Aufgaben zuständig ist. Wenn man es nicht schafft, sich mental umzuprogrammieren auf die neuen Aufgaben der Delegation und Mitarbeiterführung, dann ist schnell eine Überforderung gegeben. Typischerweise treten dann auch verstärkt zwischenmenschliche Konflikte auf, wenn jemand nach einer Beförderung seinen neuen Aufgaben nicht mehr gewachsen ist. Sie haben sicherlich schon vom Peter-Prinzip gehört. Damit ist der berufliche Aufstieg bis zur Inkompetenz gemeint. Jemand wird so lange befördert wie er gute Leistungen bringt. Irgendwann ist er dann auf einer Position angekommen, die ihn überfordert und zu einem Leistungseinbruch führt. Das tritt häufig bei Spezialisten auf, die fachlich sehr gut sind, aber weniger gut mit Menschen umgehen können.

---

[17] In diesem Zusammenhang verweise ich auch auf das Paretoprinzip, das ich in dem Kapitel 31 mit der Überschrift „31. Die 80-zu-20-Regel (Paretoprinzip)" beschrieben habe. Danach beanspruchen im Durchschnitt 20% der Arbeitsergebnisse 80% der Zeit.

Einmal mehr zeigt sich, dass es wichtig ist, sich selbst zu kennen und realistisch einzuschätzen. Wer seine Stärken und Schwächen kennt, wird an der entscheidenden Stelle auf die Bremse treten und eine Beförderung ablehnen, die ihn auf eine Position bringen würde, auf der er nicht mehr erfolgreich und zufrieden sein kann.

Kommen wir nun zum Thema Bore-Out. Ein Bore-Out klingt zunächst einmal weniger dramatisch als ein Burn-Out. Denn Langeweile haben wir ja auch so häufiger und Unterforderung tut doch gar nicht weh. Oder etwa doch? Ich bin davon überzeugt, dass jeder Mensch das natürliche Bedürfnis hat, seine Fähigkeiten einzusetzen und sein Potential auszuschöpfen. Daher kann eine Unterforderung genauso belastend sein wie eine Überforderung und die mentalen Kraftreserven aufzehren. Eine Unterforderung ist in den meisten Fällen auf bedenkliche innere Einstellungen zurückzuführen. Diese Erkenntnis fehlt häufig, wenn Menschen über eine eintönige und stupide Arbeit klagen und fordern, dass man Ihnen eine schönere Arbeit geben müsse. Eine solche Denkweise ist nicht geeignet, die tiefer liegenden Ursachen offen zu legen, die zu diesen belastenden Rahmenbedingungen einer Unterforderung geführt haben. Vielmehr ist die Frage zu stellen, warum jemand eine stupide und eintönige Arbeit übertragen bekommt? Was hat er selbst zu dieser Entwicklung beigetragen? Diese Überlegungen leiten zur Eigenverantwortung und damit zur entscheidenden Baustelle hin. Wenn ein Mensch sich sein Leben lang nicht anstrengt und immer den bequemsten Weg geht, dann ist es eigentlich konsequent und folgerichtig, dass er keine verantwortungsvollen und interessanten Aufgaben übertragen bekommt. Bei Lichte betrachtet hat ein solcher Mensch viel mehr Möglichkeiten, als er sich vordergründig eingestehen will. Er könnte z.B. aus eigenem Antrieb eine Fortbildung machen und gezielt seine Fähigkeiten trainieren und ausbauen.

Ich empfehle Ihnen, sich selbst die Frage zu stellen, welche Anforderungen Sie an sich stellen. Wenn Sie darüber bereits gründlich nachgedacht haben und eine detaillierte und durchdachte Antwort geben können, dann ist das ein sehr gutes Zeichen. Es ist übrigens erwiesen, dass überdurchschnittlich erfolgreiche Menschen selbst höhere Anforderungen an sich stellen als andere das tun. Das heißt, dass der Leistungswille aus ihnen selbst kommt und nicht von außen an sie herangetragen wird. Wenn Sie merken, dass Sie auf diese Frage keine richtige Antwort geben können, dann indiziert das, dass Sie bisher wahrscheinlich zu wenig Zeit und Energie darauf verwendet haben, Ihre Weiterentwicklung zu planen und voranzutreiben. Das braucht Sie aber nicht verzweifelt zu machen. Sie können jederzeit damit anfangen, bewusst über Ihre Anforderungen an sich selbst nachzudenken. Der Umstand, dass Sie dieses Buch lesen, deutet darauf hin, dass Sie etwas verändern möchten in Ihrem Leben. Warum also warten und nicht jetzt in diesem Moment damit anfangen? Das dürfte auch eine sehr gute Prävention gegen Bore-Out und auch gegen Burn-Out sein. Es ist immer besser, vorzusorgen als zu warten bis Probleme auftreten. Es ist viel leichter, eine Karre in der Spur zu halten, als sie aus dem Graben zu ziehen, wenn sie von der Straße abgekommen ist. Außerdem brauchen Sie nicht zwingend Leidensdruck für Veränderungen. Auch wenn Sie glauben, eigentlich ganz zufrieden zu sein und momentan weder unter Überforderung noch unter Unterforderung leiden, so hindert Sie das nicht, sich gleichwohl bewusst mit dieser Frage zu befassen, welche Anforderungen Sie an sich selbst stellen. Sie kann interessante Antworten zu Tage fördern und sehr hilfreich für die Weiterentwicklung sein.

34. Schaden oder nutzen Vorbilder?

*„Vorbildern nachstreben ist gut; aber nur das
selbst gefundene Ideal verleiht unseren Handlungen
einen lebendigen Nerv."*
Otto Ernst

Häufig wird der Rat gegeben, sich Vorbilder zu suchen und Ihnen nachzueifern. Das findet sich z.B. im katholischen Glauben in Form der zahllosen Heiligen. Ich bin der Meinung, dass Vorbilder hilfreich sein können. Sie können aber auch schaden, wenn Ihnen blind nachgeeifert wird oder Menschen sich mit Vorbildern vergleichen und dabei einen Minderwertigkeitskomplex nähren.

In einer Phase meines Lebens habe ich zahlreiche Biographien von berühmten Menschen gelesen. Ich habe daraus wichtige Erkenntnisse für mich gezogen und bin sicher, dass die Lektüre gut investierte Zeit war. Es ist nicht nur interessant, die Lebensläufe von legendären Menschen nachzuvollziehen. Es ist auch eine reiche Fundgrube mit Erkenntnissen über die Ursachen von Erfolg und Zufriedenheit. Nehmen wir als Beispiel die Autobiographie von Nelson Mandela („Der lange Weg zur Freiheit"), die einer meiner persönlichen Favoriten ist. Sie ist eine der ehrlichsten und lebendigsten Biographien, die ich in meinem Leben gelesen habe. Mandela schildert darin seine inneren Antreiber und die mentale Entwicklung vom Pazifisten zum Befürworter eines bewaffneten Aufstandes und wieder zurück zum Pazifisten. Er beschreibt außerdem, wie er Überlebensstrategien im Gefängnis entwickelt hat, um an der Belastung der Einzelhaft nicht zu zerbrechen. Seine Strategie bestand darin, dem Tag eine Struktur zu geben indem er zu bestimmten Uhrzeiten bestimmte Tätigkeiten verrichtete (z.B. sportliche Übungen soweit der geringe Raum in der Zelle das zuließ - oder Lesen). Außerdem hat er den Hass auf das Gefängnispersonal gezügelt indem er versuchte, das Menschliche in ihnen zu sehen und Gespräche mit seinen Bewachern zu führen. Wie weit Mandela sich zu einer unglaublichen menschlichen Größe entwickelt hat, kann man auch an der Antwort ablesen, die er Jahre später einem Journalisten gab, der ihn nach Rachegelüsten gegen seine Peiniger fragte. Mandela antwortete: *„Nach all den Jahren im Gefängnis wollte ich endlich wirklich frei sein. Und frei ist nur, wer ohne Hass ist"*. Durch das Lesen dieser Autobiographie habe ich einen sehr persönlichen Zugang zum Menschen Mandela bekommen und sehr viel über das Leben gelernt. Als ich Jahre später während eines Urlaubs auf der Titelseite einer Zeitung von seinem Tod las, hat mich das in einem für mich erstaunlichen Ausmaß betroffen gemacht. Das war für mich ein deutliches Zeichen dafür, wie sehr mir der Mensch Mandela durch seine Autobiographie näher gekommen ist. Ich erzähle das deshalb so ausführlich, weil es für mich ein sehr überzeugender Beleg dafür ist, dass es sich lohnt, sich mit den Lebensläufen von großen

Menschen zu befassen, um von ihnen etwas über das Leben zu lernen. Das trifft auf die Autobiographie von Mandela ganz besonders zu, weil sie sehr ehrlich und menschlich geschrieben ist und tiefe Einblicke in die Seele dieses großartigen Menschen gibt.

Kommen wir nun auf die bedenklichen Aspekte von Vorbildern zu sprechen. Es kommt insbesondere bei jungen Menschen vor, dass diese einem Idol (häufig ein erfolgreicher Musiker oder Spitzensportler) nacheifern und sich ähnlich kleiden und versuchen, so wie ihr Idol zu werden. Ich sage nicht, dass es falsch ist, erfolgreichen Spitzensportlern und Musikern Respekt zu erweisen und sich an ihren Leistungen zu erfreuen. Es wird jedoch bedenklich, wenn die eigene Persönlichkeit aufgegeben und durch einen Abklatsch des Idols ersetzt wird. Menschen kaschieren dadurch Orientierungslosigkeit und eine große Verunsicherung. Leider ist es jedoch in der Regel so, dass durch die fehlende Auseinandersetzung mit der eigenen Persönlichkeit die Weiterentwicklung durch Selbsterkenntnis geradezu behindert wird. Gefährlich wird es auch dann, wenn dem Idol übermenschliche Fähigkeiten und Eigenschaften zugeschrieben werden, die ein Mensch nicht erfüllen kann. Das gilt z.B. für Heilige aus der Katholischen Kirche. Schließlich besteht die Gefahr, dass durch Orientierung an einem Idol eigene Unfehlbarkeit und Makellosigkeit angestrebt wird, die kein Mensch aus Fleisch und Blut erreichen kann und deshalb auch nicht anstreben sollte. Denn an solchen Maßstäben zerbricht ein Mensch eher, als dass er aufgebaut wird. Zu jedem Menschen gehören auch

Fehler und Schwächen. Es ist außerordentlich wichtig, sich selbst mit allen Schwächen und Fehlern zu akzeptieren.

Es gibt noch einen weiteren Aspekt: Der wichtigste Orientierungspunkt in Ihrem Leben sind Sie selbst. Ein Idol oder Vorbild kann bei der Selbstfindung helfen. Es kann diese aber nicht ersetzen. Erst wenn Sie mit sich selbst im Reinen sind und Ihre wahre Persönlichkeit erkannt haben, können Sie souverän und ohne Angst mit der Umwelt agieren und damit die entscheidenden Energien freisetzen für überdurchschnittlichen Erfolg und für überdurchschnittliches Glück.

35. Fokussierung auf Ergebnisse

„Es ist nicht zu wenig Zeit, die wir haben, sondern
es ist zu viel Zeit, die wir nicht nutzen."

Seneca

Wer erfolgreich sein will, muss sich auf Ergebnisse fokussieren. Viele Menschen sind sehr geschäftig und ständig dabei, irgendwas zu managen. Wenn man Bilanz zieht, was bei viel Aktionismus herausgekommen ist, dann bleibt oft wenig bis gar nichts. Das ist definitiv nicht die Vorgehensweise von Erfolgsmenschen. Wer überdurchschnittlichen Erfolg haben will, darf sich nicht damit zufrieden geben, den ganzen Tag „beschäftigt" zu sein. Viel wichtiger sind Resultate. Daher ist es unverzichtbar, seine eigene Arbeit an Resultaten und Ergebnissen zu messen. Eine aufgekratzte Geschäftigkeit ohne Ergebnisse hat noch niemanden reich und berühmt gemacht. Die Fokussierung auf Ergebnisse hingegen schon.

Wenn Sie sich morgens eine Liste machen, welche Aufgaben Sie im Laufe eines Tages erledigen und welche Ergebnisse Sie erzielen möchten, dann werden Sie viel effizienter mit Ihrer Zeit umgehen und in weniger Zeit mehr erledigen. Außerdem werden Sie zufriedener sein, weil Sie am Ende des Tages konkret wissen, was Sie erreicht haben.

Menschen, die geschäftig sind statt ergebnisorientiert, laufen eigentlich nur vor ihren Aufgaben weg statt diese eine nach der anderen zu erledigen. Symptomatisch ist, dass diese Menschen sich sehr leicht ablenken lassen. Denn ohne konkrete Zielsetzungen für einen Tag kann man es sich leisten, mit Zeit verschwenderisch umzugehen und jede Ablenkung dankbar nutzen, um hin- und herzuspringen ohne irgendein greifbares Ergebnis. Das führt auch dazu, dass es nicht möglich ist, sinnvoll Prioritäten zu setzen. Denn wenn ich keine Liste mit Aufgaben habe, dann kann ich auch keine sinnvolle Reihenfolge der Erledigung festlegen. Wenn man hingegen konkrete Ergebnisse in bestimmten Zeiträumen anstrebt, dann kann man zielführend überlegen und entscheiden, ob eine neu auftauchende Aufgabe (= Ablenkung) wirklich vorgezogen werden sollte. Häufig ist diese gar nicht dringlich und kann daher problemlos auf die Liste der zu erledigenden Aufgaben gesetzt werden, um sich später mit ihr zu befassen.

Die tägliche und wöchentliche Fokussierung auf Ergebnisse hat einen weiteren Vorteil: Sie immunisiert dagegen, nachlässig zu werden und sich nur noch im Erfolg vergangener Tage zu sonnen. Viele Unternehmer berichten, dass eine solche Geisteshaltung dazu geführt hat, dass ein Unternehmen nach anfänglichen Erfolgen nicht langfristig erfolgreich war. Denn ohne konkrete Zielsetzungen werden in der Regel Ressourcen in großem Stil verschwendet. Symptomatisch ist, wenn Unternehmer nur noch damit beschäftigt sind, ihre eigenen Pressemitteilungen zu lesen statt neue Produkte zu entwickeln und vorhandene Produkte zu verbessern. Verstehen Sie mich nicht falsch. Ich will nicht sagen, dass Sie sich nicht ausruhen und nicht stolz sein dürfen auf erreichte Erfolge. Das ist völlig in Ordnung. Es geht vielmehr darum, dass Sie dabei nicht die Zukunft aus dem Blick verlieren indem Sie aufhören, Ihre Arbeit an Ergebnissen auszurichten.

Schließlich gibt es noch einen wichtigen Aspekt bei der Fokussierung auf Ergebnisse. Sie hilft Ihnen, erfolglose Endlosprojekte zu vermeiden und diese zu gegebener Zeit zum Abschluss zu bringen. Viele Menschen investieren unter Strich 80% der Zeit in bestenfalls 20% messbare Ergebnisse (Paretopzinzip).[18] Häufig entfällt der Löwenanteil der 80% des Zeiteinsatzes dann auch noch auf einen mikroskopisch kleinen Teil des Ergebnisses von weniger als 5%. Es liegt auf der Hand, dass das keine gute Ausbeute ist, sondern eine achtlose Verschwendung der wertvollsten Ressource überhaupt, nämlich von Zeit.

Viele Menschen haben deshalb keinen Erfolg, weil sie perfektionistisch sind und keinen Abschluss finden können. Stets ist ihre Arbeit unfertig und nie erreichen sie den Tag des Abschlusses eines Projektes. Häufig steckt die Angst vor Fehlern dahinter. Dabei ist es der größte Fehler überhaupt, ein Projekt aus Angst vor Fehlern gar nicht zum Abschluss zu bringen. Dieses Phäno-

---

[18] Ich verweise zur Vermeidung von Wiederholungen auf das Kapitel 31 mit der Überschrift „31. Die-80-zu-20-Regel (Paretoprinzip)".

men ist besonders verbreitet bei Schriftstellern. Vor Jahren habe ich in dieser Hinsicht ein Schlüsselerlebnis gehabt. Ich las den Roman „Die Welt wie Garp sie sah" von John Irving. Einer der Protagonisten des Buches (Garp) ist erfolgreicher Schriftsteller. Eines Tages sinniert er vor sich hin, warum seine Freundin als Schriftstellerin - im Gegensatz zu ihm - erfolglos ist, obwohl sie nach seinem Empfinden bessere Texte schreibt als er selbst. Er findet für sich die folgende Antwort: Sie kann einfach nicht zum Ende kommen und will stets noch etwas verbessern am Manuskript. John Irving wird als extrem erfolgreicher Autor wissen, warum er einem Protagonisten in seinem Buch diese Erkenntnisse in den Mund legt. Tatsächlich ist diese Erklärung absolut plausibel und überzeugend.

36. Wann haben Sie das letzte Mal etwas zum ersten Mal gemacht?

„Wer ständig glücklich sein möchte, muss sich oft verändern."

Konfuzius

Die als Überschrift zu diesem Kapitel gewählte Frage ist der Lackmustest für Sie selbst. Wenn Ihnen auf diese Frage keine Antwort einfällt oder Sie Jahre zurückgehen müssen in Ihrem Leben, dann ist das ein Indiz dafür, dass es in Ihrem Leben (zu) wenig Veränderung gibt. Leben ist ständige Veränderung und Wachstum. Darum ist es so wichtig, offen für Veränderungen zu sein und sich der Dynamik des Lebens zu stellen.

Erfolgreiche und glückliche Menschen, die auf ein erfülltes Leben zurückblicken, geben in aller Regel an, dass sie in Ihrem Leben immer wieder etwas Neues angefangen haben und keine Angst vor Veränderungen hatten. Bei unglücklichen und unterdurchschnittlich erfolgreichen Menschen ist es meistens genau umgekehrt. Sie sind schnell und früh gealtert und wollten möglichst wenig Veränderung in ihrem Leben. Es sollte alles so bleiben wie es ist, damit man sich nicht anstrengen muss. Dabei ist es bei Lichte betrachtet genau umgekehrt: Wer Veränderungen in seinem Leben anstrebt und als Weiterentwicklung begrüßt, verfügt in der Regel über mehr Energie und Lebenskraft. Es ist wie mit einem schlecht trainierten Muskel. Der untrainierte Körper wird träge und die Leistungsfähigkeit nimmt ab. Genauso verhält es sich mit dem Geist, der sich gegen Veränderungen und Neues sträubt und nur noch nach Ruhe und Routine strebt.

> *„Der Veränderung die Tür versperren hieße, das*
> *Leben selber aussperren."*
> **Walt Whitman**

Wenn Sie sich in Ihrem privaten und beruflichen Umfeld umschauen, dann werden Sie sowohl Vertreter der einen als auch der anderen Fraktion beobachten. Achten Sie einmal bewusst darauf, ob es einen Zusammenhang zwischen Kraft, Gesundheit und Zufriedenheit einerseits und Flexibilität und geistiger Offenheit andererseits gibt. Sie werden sehr schnell feststellen, dass ein solcher Zusammenhang geradezu auf der Hand liegt. Es wirkt wie ein Paradoxon. Menschen, die aktiver sind und eigentlich mehr Energie verbrauchen, verfügen trotzdem über mehr Kraft und Leistungsfähigkeit. Diejenigen, die sich ständig die Ruhe antun, scheinen hingegen ihre Batterien leergefahren zu haben.

37. Besteht ein Zusammenhang zwischen Erfolg und Sport?

„Um Dein wahres Potential zu entdecken, musst Du zuerst Deine eigenen Grenzen finden und dann musst du den Mut haben, sie zu überschreiten."
Picabo Street

Was glauben Sie ist der Grund, dass Spitzenmanager häufig und intensiv Sport treiben? Ganz einfach: Sport macht nicht nur den Körper fit, sondern auch den Geist frei. Durch Sport wird man nicht nur körperlich sondern auch mental belastbarer. Wenn Sie mir nicht glauben, dann probieren Sie es aus. Joggen Sie nur 2 Wochen lang jeden zweiten Tag 3 km. Dann vergleichen Sie Ihren geistigen Zustand mit dem von heute. Ich garantiere Ihnen, dass Sie sich körperlich **und** mental fitter fühlen werden.

Kennen Sie den Autor Don Winslow? Er ist US-amerikanischer Bestsellerautor, der extrem gute und erfolgreiche Bücher schreibt. Don Winslow hat einen sehr geregelten Tagesablauf. Er steht gegen 5 Uhr morgens auf und arbeitet vormittags an seinen Büchern. Gegen Mittag joggt er täglich 7 Meilen (= 11,3 km). Das hat ihn nicht nur körperlich fit gemacht, sondern offenbar auch seine geistigen Fähigkeiten beflügelt. Seine Bücher sind extrem gut recherchiert und sehr spannend geschrieben. Er ist mit zahlreichen Preisen geehrt wor-

den und gilt derzeit als einer der besten US-
amerikanischen Schriftsteller. Das in seinen Tagesablauf
integrierte Joggingprogramm dürfte maßgeblich mitver-
antwortlich zeichnen für die hohe Qualität seiner Arbeit
und für den großen Erfolg.

Ich selbst habe lange Zeit keinen Sport getrieben.
Damals habe ich „argumentiert", dass meine Knie zu
schlecht sind und ich daher nicht joggen kann. Heute
weiß ich, dass das nicht stimmt. Ich bin dem Freund sehr
dankbar, der mir erklärt hat, dass ich mich irre mit dieser
Einschätzung. Ich habe damals die Probe aufs Exempel
gemacht und begonnen zu joggen. Zu Anfang ganz mo-
derat nur 30 Minuten. Nach 3 Wochen konnte ich mich
relativ problemlos auf 45 Minuten steigern. Als ich meine Belastungsgrenzen auf eine Strecke von 8 km gestei-
gert hatte und eigentlich recht zufrieden mit mir war, hat
mir der gleiche Freund erklärt, dass er jetzt mit mir 10 km
joggen werde. Reflexartig habe ich wieder „argumentiert", dass ich 10 km nicht schaffe. Der Freund schaute
mich an und erklärte mir, dass ich mich täusche und
meine Belastbarkeit falsch einschätze. Da er mir das
schon einmal bewiesen hatte, habe ich meinen Wider-
stand aufgegeben. Und tatsächlich konnte ich relativ
problemlos 10 km joggen. Das war eine sehr interessante
Erfahrung für mich. Mittlerweile jogge ich an jedem Wochenende mindestens einmal eine Strecke von 15 km
und in der Woche jeden zweiten Tag 10 km. Im Sommer
letzten Jahres habe ich am Brückenlauf einer deutschen
Großstadt über die Distanz von 15 km teilgenommen.
Nach 7 km habe ich begonnen, viele andere Läufer zu

überholen, die ca. 10 – 15 Jahre jünger als ich gewesen sein dürften. Das hat mir gezeigt, dass man mit regelmäßigem Training auch zur Lebensmitte und in der zweiten Lebenshälfte noch immer eine beachtliche Fitness aufbauen kann. Ich habe noch einen anderen positiven Effekt durch das regelmäßige Joggen bemerkt: Ich bin stressresistenter und ausgeglichener geworden. Außerdem kann ich viel länger arbeiten, ohne mental zu ermüden. Das ist wirklich erstaunlich, wie viele positive Wirkungen Sport hat. Ich möchte Sie ermuntern, es auszuprobieren. Sie werden es nicht bereuen!

38. Lassen Sie sich nicht von Angst beherrschen!

„Wer nicht täglich seine Furcht überwindet, hat
die Lektion des Lebens nicht gelernt."
Ralph Waldo Emerson

Angst ist ein Urgefühl des Menschen, das ihn seit Anbeginn der Zeit begleitet. Es ist daher natürlich, Angst zu haben. Denn Angst schützt vor Gefahren und mobilisiert Kräfte, um z.B. erfolgreich zu flüchten vor einer Gefahr. In der Entwicklungsgeschichte des Menschen hat Angst daher eine wichtige Funktion erfüllt, das Überleben in einer gefährlichen Umgebung zu sichern. In unserer modernen Welt hat Angst ihren ursprünglichen Bezugspunkt verloren und sich abgekoppelt von ihrer natürlichen Funktion, vor Gefahren für Leib und Leben zu schützen. Sie kann vielmehr krank machen als diffuse und abstrakte Angst, die sich losgelöst hat von einem Anlass und als permanente Hintergrundstrahlung ein Leben überschattet.

Die Angst des modernen Menschen hat nicht mehr wilde Tiere und Naturgewalten als Bezugspunkt, sondern stark abstrahierte Gefahren wie z.B. Geldmangel, Überforderung am Arbeitsplatz, Jobverlust, Prestigeverlust, Zurückweisung, Strafverfolgung und vieles mehr. Im komplexen Umfeld einer modernen Gesellschaft hat die Angst die Funktion übernommen, den einzelnen

Menschen in ein Kollektiv einzubinden. Das hat positive und negative Aspekte. Der positive Aspekt ist, dass der einzelne Mensch in einem starken und gut organisierten Kollektiv besser vor Gefahren von außen geschützt ist und einen höheren Lebensstandard haben kann. Der negative Aspekt ist, dass die Einbindung in ein Kollektiv notwendigerweise Freiheit begrenzen muss. Das erfolgt z.b. durch Sanktionen für die Verletzung der Spielregeln oder für den Fall, dass das Individuum die gestellten Anforderungen nicht erfüllt. In Maßen ist Angst also unverzichtbar, um eine komplex organisierte Gesellschaft zu erhalten. Denn ohne Angst würden sich Menschen nicht an die Spielregeln halten, die zum Wohle aller gesetzt sind für den Erhalt der Gesellschaft. Ohne Angst vor sozialem Abstieg und finanzielle Einschränkungen würden viele Menschen sich nicht mehr anstrengen. Auch das wäre für die Gesellschaft als Ganze, aber auch für jeden Einzelnen schädlich. Insoweit hat Angst auch die Funktion, Menschen anzutreiben und zu motivieren. Sie kann in dieser Hinsicht eine positive Kraft sein, die Menschen zum Erfolg führt.

Es sind häufig große Herausforderungen, die Menschen Angst machen. Am Ende des Tages stellt sich in aller Regel heraus, dass eine Herausforderung und die damit verbundene Angst jedoch nur bewältigt werden können, wenn man sich der Herausforderung stellt und seine Angst überwindet. Erfolgreiche Skispringer wissen davon ein Lied zu singen. Der erste Sprung von einer Sprungschanze ist natürlich mit Angst verbunden. Erfolgsmenschen berichten aus der Erfahrung ihres Lebens, dass sie immer dann einen entscheidenden Schritt weiter gekommen sind, wenn sie ihre Angst überwunden haben. In der Rückschau hat sich meistens herausgestellt, dass die Angst übertrieben war. Erfolglose und unglückliche Menschen hingegen berichten signifikant häufig, dass sie ihr Leben lang vor Herausforderungen davongelaufen sind und dadurch ihre Angst nicht besiegen konnten. Vielmehr hat die Angst sie - doppelt und dreifach verstärkt - immer wieder eingeholt.

Hinzu kommt, dass Gewinner die Erfahrung gemacht haben, dass auch Niederlagen ihr Leben nicht zerstören konnten. Auch wenn es später für Außenstehende nicht mehr erkennbar ist, so haben viele Erfolgsmenschen auf dem Weg zum Erfolg auch Niederlagen hinnehmen müssen. Häufig berichten Menschen, dass die Erfahrung, nach Niederlagen wieder aufzustehen und im zweiten oder dritten Anlauf erfolgreich zu sein, sie immunisiert hat gegen die Angst vor Niederlagen. Denn immerhin haben sie schon einige davon erfolgreich durchgestanden, ohne dass ihr Leben daran zerbrochen ist. Das ist ein nicht zu unterschätzender Faktor.

Angst wird dann zum Problem, wenn sie sich verselbständigt und sämtliche Lebensenergie eines Menschen aufzehrt, die dann nicht mehr für sinnvolle Aktivitäten zur Verfügung steht. Aus diesem Grund ist es sinnvoll, sich nicht von Angst beherrschen zu lassen. Ein Mensch, der von seiner Angst beherrscht wird, kann weder erfolgreich noch glücklich sein. Deshalb ist es wichtig, grundlegende Zusammenhänge zu begreifen.

Dazu gehört z.B. die Erkenntnis, dass eine diffuse Angst, die keinen konkreten Bezugspunkt hat, in der Regel von negativen Gedanken genährt wird. Diese Erkenntnis ist erstaunlich für Menschen, die glauben, dass Angst stets und ausschließlich aus Ereignissen in der Außenwelt herrührt. Das ist gerade nicht der Fall. Daher ist es wichtig, die innere Quelle der Angst aus negativen Gedanken nicht zu übersehen und diese nicht unkontrolliert sprudeln zu lassen. Negative Gedanken können für Menschen zu einem Gefängnis aus Angst werden. Daher ist es wichtig, negativen Gedanken nicht zu viel Raum zu geben. Ich hatte dazu bereits oben in dem Kapitel „Die Macht Ihrer Gedanken" Ausführungen gemacht.

> *„Ängstlichkeit nimmt nicht dem Morgen seine Sorge, aber dem Heute seine Kraft."*
> ### Charles Haddon Spurgeon

Wenn Angst das Leben eines Menschen überschattet, kann es hilfreich sein, kritisch zu hinterfragen, ob es überhaupt einen plausiblen Grund für die empfundene Angst gibt. Häufig haben solche Überlegungen bereits eine heilsame Wirkung, weil man erkennt, dass die Angst bei Lichte betrachtet übertrieben ist und keine entsprechende sachliche Grundlage hat.

Ein ebenfalls wirksamer Hebel zur Beherrschung von Angst besteht darin, sich vor Augen zu führen, für welche Dinge im Leben man allen Grund hat, dankbar zu sein. Damit kann eine Trendumkehr der Gedanken eingeleitet werden. Denn wenn ich mich gedanklich mit den guten Dingen in meinem Leben befasse, dann ist die mentale Kapazität positiv gebunden und kann nicht mehr mit negativen Gedanken belegt werden.

Schließlich ist es hilfreich, zur Begrenzung von Angst Aktivität zu entfalten statt untätig zu grübeln. Diese Erkenntnis fügt sich nahtlos an die Erkenntnis aus dem vorhergehenden Absatz an. Denn wenn ich aktiv bin und mich bewusst einer Tätigkeit widme (z.B. Kochen oder Fahrradfahren), dann belege ich mit diesen Tätigkeiten gedankliche Kapazität, die dann nicht mehr für grüblerische Gedanken zur Verfügung steht, die der beste Nährboden für diffuse und schädliche Angst sind.

Schließlich kann sich Angst aus verdrängten Schuldgefühlen ergeben, die sich unterschwellig ihren Weg bahnen. Ein nicht zur Auflösung gebrachtes Schuldgefühl kann zu einer ständig sprudelnde Quelle der Angst werden. Daher ist es wichtig, sich Schuldgefühlen zu stellen und diese z.B. durch klärende Gespräche aus dem Weg zu räumen.[19]

---

[19] Ich verweise auf die weiterführenden Ausführungen in dem Kapitel 8 mit der Überschrift „8. Was sind die größten Hindernisse für Erfolg und Glück eines Menschen?"

39. Wer andere Menschen glücklich macht, macht sich selbst glücklich!

„Seine Freude in der Freude des anderen finden
können, das ist das Geheimnis des Glücks."

Georges Bernanos

In dieser Überschrift steckt eine sehr wichtige und wahre Erkenntnis. Viele Menschen streben nach Luxus und Genuss und übersehen dabei eine entscheidende Quelle des Glücks: Die Zuwendung zu anderen Menschen und die Ausrichtung darauf, sie glücklich zu machen.

Auch hier ist es wichtig, genau hinzuschauen. Wenn z.B. bei einer Weihnachtsspendenaktion die Namen der Spender in den Medien großspurig inszeniert werden, dann sollte sich der Spender kritisch fragen, ob er wirklich etwas für andere Menschen tun wollte oder ob es vielmehr nur wieder um ihn selbst ging. Wahres Glück erwächst nicht aus solchen eitel zur Schau gestellten Gesten der Hilfsbereitschaft, sondern vielmehr aus einem tief empfundenen Mitgefühl und der persönlichen und würdevollen Zuwendung zu anderen Menschen. Das muss nicht immer materielle Hilfe sein. Es können auch tröstende Worte oder Hilfe bei der Selbsterkenntnis und zur Überwindung von Angst sein.

Wir alle kennen die Worte von Jesus Christus: „Geben ist seliger denn nehmen."[20] In diesen Worten steckt viel Weisheit. Wirklich arm ist, wer keine Aufmerksamkeit und Schätze für andere Menschen übrig hat und nur an sich selbst denkt. Manche Menschen glauben an ein kosmisches Gesetz, dass die guten und die schlechten Taten zu einem zurückkehren. Auch im Buddhismus ist die Überzeugung verankert, dass die Taten eines Menschen gutes oder schlechtes Karma bringen und damit eine Auswirkung auf denjenigen haben, der sie tut. Selbst wenn eine solche Gesetzmäßigkeit naturwissenschaftlich nicht nachweisbar ist, so kann man nicht wegdiskutieren, dass Menschen in der Regel glücklicher sind, wenn sie anderen Menschen Gutes tun statt Schlechtes. Es bringt niemals Frieden, andere Menschen zu knechten und ihnen Schaden zuzufügen statt ihnen zu helfen.

Das Wertvollste, das Sie einem anderen Menschen schenken können, ist Zeit, Aufmerksamkeit und Empathie. Es ist erstaunlich, welch hilfreiche Wirkung es auf einen verzweifelten Menschen haben kann, wenn man ihm einfach nur aufmerksam zuhört und ihm eine aufbauende ehrliche Rückmeldung gibt. Es geht dabei nicht

---

[20] Die Worte stammen aus der Abschiedsrede des Paulus an die Ältesten von Ephesus in der Apostelgeschichte (20, 35). Der Kontext lautet wie folgt: *„Ich habe euch in allem gezeigt, dass man so arbeiten und sich der Schwachen annehmen muss im Gedenken an das Wort des Herrn Jesus, der selbst gesagt hat: Geben ist seliger als nehmen."*

um Schmeichelei und billigen Trost. Ehrliche und aufmunternde Worte können z.B. die Augen für einen positiven Aspekt eines zunächst niederschmetternden Fehlschlages öffnen und damit einen konstruktiven Prozess der Überwindung von Verzweiflung initiieren.

Ehrlichkeit ist dabei ein sehr wichtiger Aspekt. Ich möchte dazu einige persönliche Geschichten erzählen: Zwei meiner besten Freunde zeichnen sich dadurch aus, dass sie immer ungefiltert sagen, was sie denken. Damit haben sie sich in der Arbeitswelt so manches Problem eingehandelt. Zu Anfang fühlte ich mich hin und wieder vor den Kopf gestoßen. Irgendwann habe ich mich zu der Erkenntnis durchgerungen, dass man es auch positiv sehen kann, wenn ein Mensch unverfälscht und ungefiltert seine Gedanken mitteilt. Das gilt natürlich nur für Aussagen, die tatsächlich als Wahrheit ausgesprochen werden mit der Intention, eine ehrliche Rückmeldung zu geben. Bei herausgeschrienen Beleidigungen, die keine Botschaft enthalten und nur verletzen sollen, gilt das natürlich nicht. Wenn man sich derart öffnen kann für ungefilterte Rückmeldungen, kann einen das entscheidend weiterbringen. Denn durch ehrliche Kritik erhält man die Chance, etwas Neues über sich selbst herauszufinden. Schließlich werden menschliche Verbindungen vertieft, wenn die Erkenntnis reift, dass zu keiner Zeit die Absicht einer Verletzung existierte.

40. Muss man rücksichtslos sein, um Erfolg zu haben?

Es wird häufig die These geäußert, dass ein Mensch nicht erfolgreich sein kann, wenn er zu nett und zu rücksichtsvoll ist. Mit anderen Worten: Nur die bösen gewinnen und die Guten bleiben auf der Strecke. Ich glaube nicht an diese These, möchte mich aber an dieser Stelle mit ihr auseinandersetzen.

Gut und Böse sind moralische Kategorien, die Orientierung geben können für das eigene Handeln. Es lohnt sich, darüber nachzudenken. Die Personifizierung des Guten in Form einer göttlichen Lichtgestalt und des Bösen in Form eines Teufels haben tiefe Spuren in der gesamten Kulturgeschichte der Menschheit hinterlassen. Scheinbar gehören beide Seiten der menschlichen Natur untrennbar zum Menschsein dazu. Die Kategorien von Gut und Böse sind Kernbegriffe der Weltreligionen und finden auch im täglichen Sprachgebrauch häufig Verwendung. Aber was genau ist damit eigentlich gemeint und welche Bedeutung haben diese Kategorien auf dem Weg zum Erfolg und zum Glück?

Sicherlich haben Sie schon einmal die These gehört oder vielleicht sogar selbst geäußert, dass man in der Berufswelt nur weiterkommt, wenn man böse ist und die dunkle Seite der Macht einsetzt. Das ist noch keine Definition des Begriffs „böse", aber es deutet an, in welche

Richtung es geht. Es geht darum, anderen Menschen zu schaden, um selbst daraus vermeintlichen Vorteil zu ziehen. Dabei wird häufig noch ein Täuschungsmanöver eingesetzt, um die Verteidigung zu erschweren oder unmöglich zu machen. Lassen Sie mich zunächst klarstellen, dass ich fest davon überzeugt bin, dass Menschen, die böse handeln, auf lange Sicht keinen Vorteil erlangen, sondern sich selbst beschädigen. Häufig sieht es so aus, als würde böses Handeln sich auszahlen. Aber auf lange Sicht nehmen solche Menschen in der Regel selbst ein böses Ende. Ich bin natürlich nicht der erste Mensch, der zu dieser Überzeugung gelangt ist. Bereits vor 2.500 Jahren hatte Siddhartha Gautama (der spätere Buddha) diese Erkenntnis gewonnen und in einer Lehrrede mit einer Geschichte über einen Reiher und einen Krebs an einem Lotusteich vermittelt.[21]

Wer böse handelt, schafft sich Feinde und erhöht dadurch das Risiko, selbst zur Zielscheibe bösen Handelns zu werden. Darüber hinaus bringt er sich selbst mental in ein Ungleichgewicht. Es kann den Geist ruhelos machen, wenn man ständig einkalkuliert, dass andere Menschen genau so böse sind wie man selbst und folglich stets mit allem rechnet. Das kann in Richtung Verfolgungswahn und Misstrauen gegen jeden und alles umschlagen und im Ergebnis große mentale Ressourcen beanspruchen. Böse handelnde Menschen zahlen daher

---

[21] Sie können die Geschichte vom Krebs und dem Reiher auf der folgenden Internetseite lesen: https://goo.gl/sN9pj7

einen Preis, der zwar nicht sofort sichtbar wird, aber am Ende des Tages zu Buche schlägt.

Werfen wir einen Blick auf die Entwicklungsgeschichte des modernen Menschen, der bekanntlich vom Affen abstammt. Zu echter Boshaftigkeit scheinen nur Menschen fähig zu sein. Die Entwicklung der kognitiven Fähigkeiten und der Gehirnleistung des Menschen hat eben auch eine dunkle Seite hervorgebracht, die im Überlebenskampf mit Artgenossen und anderen Lebewesen einen Vorteil bringen kann. Denn wer in der Lage ist, Intrigen zu spinnen und Täuschungsmanöver auszuführen, hat beim Überlebenskampf und beim Kampf um knappe Ressourcen Vorteile.

In der modernen Welt sind jedoch weitere Aspekte hinzugekommen, die über den bloßen Kampf ums Überleben und um knappe Ressourcen hinausgehen. Heutzutage wird mit allen Mitteln auch um Macht und Prestige und um Meinungen und Ideologien gekämpft. Es geht also nicht mehr bloß um die Verbesserung der Chancen zum Überleben, sondern um Befriedigung von Luxusbedürfnissen. Daher kann man die moralische Rechtfertigung für Boshaftigkeit in der modernen Welt noch viel mehr in Frage stellen als man das in einer frühen Phase der Menschheitsgeschichte konnte als es noch ums nackte Überleben ging.

Der Umstand, dass es heute in der Regel nicht mehr ums nackte Überleben geht, scheint dem menschlichen Erfindungsgeist Vorschub geleistet zu haben bei der Entwicklung von Fähigkeiten und Strategien, um eine komplexe Schreckensherrschaft zu errichten, die auf Angst basiert und aus taktischem Kalkül heraus das Böse zelebriert. Denken wir zum Beispiel an die Schreckensherrschaft der Roten Khmer in Kambodscha von 1975 bis 1979 oder an das Regime in Nordkorea. Beispielhaft können in diesem Zusammenhang auch die Gräueltaten der Zetas aufgezählt werden, die im Kampf der Drogenkartelle in Mexiko eine Rolle spielen.[22] In allen diesen Konstellationen wurden und werden Menschen geopfert für eine Ideologie und für den Machterhalt einer kleinen und rücksichtslosen Elite, die ihre Privilegien erhalten will. Ich denke, dass man als Mensch moralisch nicht tiefer sinken kann als die Mitglieder solcher Machtzirkel im System einer Schreckensherrschaft. Als Mensch mit moralischen Werten fragt man sich, ob Menschen wirklich glücklich werden können, die sich derart der Macht des Bösen verschrieben haben. Ich bin davon überzeugt, dass diese Menschen keinen Frieden finden werden und auf kurz oder lang zum Scheitern verurteilt sind und selbst ein böses Ende nehmen.

---

[22] Die Romane „Tage der Toten" und „Das Kartell" von Don Winslow gelten als authentische Beschreibungen des Innenlebens von Drogenkartellen mit dem bewussten Einsatz von Gewalt und Angst als Mittel der Behauptung in rechtsfreien Räumen. Darin wird insbesondere auch die Organisation der Zetas beschrieben, die es tatsächlich gibt und die durch besondere Brutalität in Erscheinung getreten ist.

Der Autor

Alexander Goldwein ist gelernter Jurist und hat einen internationalen Bildungshintergrund. Er hat in drei Staaten in drei Sprachen studiert.

Er ist mit Kapitalanlagen in Immobilien self-made Millionär geworden. Als Autor und Berater hat er zudem zahlreiche Menschen zu wirtschaftlichem Erfolg geführt.

Durch seine Bücher hat Goldwein sich bei privaten Immobilieninvestoren einen legendären Ruf erarbeitet, weil er mit seinen ganzheitlichen Erklärungsansätzen den idealen Nährboden für gelungene Investitionen in Wohnimmobilien erzeugt. Mit eigenen Investitionen in Immobilien hat er ein beachtliches Vermögen aufgebaut und wirtschaftliche Unabhängigkeit erlangt.

In seinen Büchern verfolgt der Autor Goldwein konsequent den Ansatz, komplexe Themen einfach zu erklären, so dass auch Anfänger ohne Vorkenntnisse mühelos folgen können. Er erreicht so alle, die gerne in Immobilien investieren würden, aber bisher noch keinen Zugang zu dem notwendigen Fachwissen erhalten haben. Leider werden Grundkenntnisse des Investierens und des klugen Umgangs mit Geld in unserem Bildungssystem sträflich vernachlässigt. So erklärt sich, dass viele Menschen sich damit schwer tun und ihre Chancen nicht richtig nutzen.

Goldwein verfügt über eine große Bandbreite praktischer Erfahrung aus seiner Tätigkeit als Unternehmensjurist in der Rechtsabteilung einer Bank sowie als kaufmännischer Projektleiter in der Immobilienbranche. In seiner praktischen Laufbahn hat er Immobilieninvestments in den USA und in Deutschland aus wirtschaftlicher und rechtlicher Sicht begleitet und verantwortet.

Weiteren Informationen finden Sie auf der Internetseiten des Autors: https://alexander-goldwein.de

GELD VERDIENEN MIT WOHNIMMOBILIEN
Erfolg als privater Immobilieninvestor

ISBN:

9783947201495

(Taschenbuch)

ISBN:

9780994853332

(Gebundene Ausgabe)

Auf Amazon.de:

https://amzn.to/2YFxbgj

Auch Sie können Erfolg haben mit Kapitalanlagen in Wohnimmobilien! In diesem Buch erklärt der gelernte Jurist und Banker Alexander Goldwein verständlich und mit konkret durchgerechneten Beispielen, wie Sie mit Wohnimmobilien ein Vermögen aufbauen und finanzielle Freiheit erlangen können. Die Lektüre setzt keine Vorkenntnisse voraus und ist auch für Anfänger geeignet. In diesem Buch erfahren Sie ganz konkret:

- Strategien zur sicheren & rentablen Kapitalanlage in Wohnimmobilien

- Aufspüren lukrativer Renditeimmobilien auch in angespannten Märkten

- Grundlagen der Immobilienbewertung und Kaufpreisfindung

- Checklisten zur professionellen Prüfung & Verhandlungsstrategien für den Ankauf

- Strategien für die optimale Finanzierung und Hebelung der Eigenkapitalrendite
- Berechnung von Cash-Flow & Rendite mit dem als Bonus erhältlichen Excel-Rechentool
- Steueroptimierte Bewirtschaftung & Realisierung von Veräußerungsgewinnen
- Praxisrelevante Grundlagen des Immobilienrechtes (inklusive der Besonderheiten bei vermieteten Eigentumswohnungen)
- Praxisrelevante Grundlagen des Mietrechtes (inklusive der Regelungen zu Mieterhöhungen)

STEUERLEITFADEN FÜR IMMOBILIENINVESTOREN
Der ultimative Steuerratgeber für Privatinvestitionen in Wohnimmobilien

ISBN:

9783947201488

(Taschenbuch)

ISBN:

9780994853387

(Gebundene Ausgabe)

Auf Amazon.de:

https://amzn.to/34rufW8

Sichern Sie sich maximale Steuervorteile durch überlegenes

Wissen! Der Autor erklärt Ihnen Schritt für Schritt praxiserprobte Steuerstrategien für vermietete Wohnimmobilien. Kompakt, verständlich und gründlich.

- Maximaler Ansatz von Werbungskosten

- Realisierung steuerfreier Veräußerungsgewinne

- Steuervorteile bei Denkmalschutzimmobilien

- Ferienimmobilien im In- und Ausland als Renditeobjekt

- Erbschafts- und Schenkungssteuer (steueroptimierte Übertragung auf Ehepartner & Kinder)

- Bonusmaterial: Excel-Tool für Kalkulation von Rendite, Finanzierungskosten und Cash-Flow

Das Markenzeichen von Alexander Goldwein ist, komplexe Themen einfach zu erklären. So haben auch Leser ohne Vorkenntnisse die Chance, die Zusammenhänge zu verstehen und dieses Wissen für sich zu nutzen. Das Buch enthält zahlreiche Beispiele aus der Praxis und aktuelle Hinweise auf die Rechtsprechung und auf Schreiben des Bundesfinanzministeriums. Es ist sowohl für Anfänger als auch für Fortgeschrittene geeignet.

Profitieren Sie von den praktischen Erfahrungen des Autors als erfolgreicher Immobilieninvestor, Jurist mit Spezialisierung im Steuerrecht und als kaufmännischer Projektleiter in der Immobilienbranche!

VERMIETUNG & MIETERHÖHUNG
Mit anwaltsgeprüftem Mustermietvertrag & Mustertexten

ISBN:
(Taschenbuch)
9783947201440
ISBN:
(Gebundene Ausgabe)
9780994853394
Auf Amazon.de:
https://amzn.to/2OboV2g

Dieser Ratgeber hilft mit umfassenden Informationen und praktischen Tipps, die Vermietung professionell anzupacken. Er führt verständlich in die praxisrelevanten Grundlagen des Mietrechtes ein und leitet daraus strategische Empfehlungen ab. Darüber hinaus erhalten Sie zahlreiche Mustertexte (z.B. Übergabeprotokolle, Betriebskostenabrechnungen) und Musterschreiben (z.B. für Mieterhöhungen, Abmahnungen und Kündigungen), um das vermittelte Wissen konkret in die Praxis umzusetzen. Die Mustertexte können Sie auch als Datei anfordern, um diese zu bearbeiten und selbst auszudrucken.

- Anwaltsgeprüfter Mustermietvertrag und zahlreiche Mustertexte für die praktische Umsetzung

- Strategien für die richtige Mieterauswahl

- Muster für professionelle Nebenkostenabrechnung

- Mieterhöhungen durchsetzen & Mietminderungen abwehren

- Entschärfung von Konfliktherden mit Mietern

Der Autor Goldwein ist selbst erfolgreicher Vermieter. Als gelernter Jurist hat er sich auf das Immobilienrecht spezialisiert und mehrere Bestseller zu Kapitalanlagen in Wohnimmobilien geschrieben.

IMMOBILIEN STEUEROPTIMIERT VERSCHENKEN & VERERBEN
Erbfolge durch Testament regeln & Steuern sparen mit Freibeträgen & Schenkungen von Häusern & Eigentumswohnungen

ISBN:

9783947201433

(Taschenbuch)

ISBN:

9780994853349

(Gebundene Ausgabe)

Auf Amazon.de:

https://amzn.to/2UEuXL7

Dieser Ratgeber hilft Ihnen, Ihr Testament richtig aufzusetzen und die Übertragung Ihres Vermögens auf die nachfolgenden Generationen steueroptimiert zu gestalten. Immobilien als Bestandteil des Vermögens sind in ganz besonderem Maße geeignet, durch Ausnutzung von Gestaltungsspielräumen Steuern zu sparen und die alte Generation für das Alter abzusichern. Die Grundlagen und Gestaltungsmöglichkeiten werden in diesem Buch systematisch und verständlich dargestellt. Die Lektüre setzt keine Vorkenntnisse voraus und ist auch für rechtliche Laien geeignet.

Aus dem Inhalt:

- Darstellung der gesetzlichen Erbfolge mit den Konsequenzen für die Erbschaftsteuerbelastung
- Optimale Gestaltung des Testamentes zur Übertragung von Immobilien auf Kinder und Enkel
- Schenkungen von Immobilien zu Lebzeiten als Mittel zur Senkung der Steuerbelastung
- Absicherung des Schenkers von Immobilien durch Nießbrauch, dingliches Wohnrecht und Leibrente
- Anhang mit Mustertexten zur Umsetzung der Strategien

Der self-made Millionär und Bestsellerautor Goldwein ist gelernter Jurist mit einer Spezialisierung im Immobilien- und Steuerrecht. Er hat mit seinen Ratgeberbüchern zahlreiche Leser begeistert und zu wirtschaftlichem Erfolg geführt. Mehrere seiner praktischen Ratgeber sind Bestseller Nr. 1 bei Amazon geworden.

DIE GESETZE VON ERFOLG & GLÜCK
Ihr Weg zu finanzieller Freiheit & Zufriedenheit

ISBN:

9783947201013

(Taschenbuch)

ISBN:

9783947201136

(Gebundene Ausgabe)

Auf Amazon.de:

https://amzn.to/2pPSAAm

Es ist die Frage der Fragen: Wie wird man als Mensch erfolgreich und glücklich?

Der self-made Millionär und Bestsellerautor Goldwein gibt Antworten und verrät in diesem Buch die Geheimnisse seines phänomenalen Erfolges. Innerhalb weniger Jahre ist der gelernte Jurist mit Kapitalanlagen in Immobilien Millionär geworden und darüber hinaus zu einem der erfolgreichsten Sachbuchautoren in Deutschland aufgestiegen. Er hat mit seinen Ratgeberbüchern viele Leser begeistert und zu wirtschaftlichem Erfolg geführt.

Aus dem Inhalt:

- Selbsterkenntnis als Schlüssel zum Erfolg
- Wege in die finanzielle Freiheit
- Chancen erkennen & nutzen
- Steigerung der Effizienz mit einfachen Mitteln
- Steigerung der Lebensqualität & Zufriedenheit

- Mehr Erfolg bei weniger Stress
- Unabhängigkeit & Freiheit erlangen

FERIENIMMOBILIEN IN DEUTSCHLAND & IM AUSLAND
Erwerben, Selbstnutzen & Vermieten

ISBN:
9783947201471
(Taschenbuch)
ISBN:
9783947201167
(Gebundene Ausgabe)
Auf Amazon.de:
https://amzn.to/2PanyD6

Viele Menschen träumen von einer eigenen Ferienimmobilie in Deutschland oder im Ausland. Dieser Ratgeber zeigt Ihnen, worauf es beim Erwerb und bei der Finanzierung ankommt und wie Sie Fehler vermeiden.

Sie erfahren ganz konkret:

Kriterien für die Auswahl der Ferienimmobilie

Kriterien für die Auswahl des Standortes

Ermittlung des angemessenen Kaufpreises

Rechtssicherer Erwerb im Inland und im Ausland

Eliminierung typischer Fehlerquellen

Eigennutzung und Vermietung der Ferienimmobilie

Ferienimmobilie als Kapitalanlage

Steuerrechtliche Fragen bei Erwerb und Vermietung

VISA-Anforderungen bei Auslandsimmobilien

Der Bestsellerautor Goldwein ist gelernter Jurist und hat in drei Staaten in drei Sprachen studiert. Er beschäftigt sich seit fast 20 Jahren professionell mit Immobilien und ist selbst Eigentümer von Ferienimmobilien in Deutschland, Spanien und Florida. Mehrere seiner Bücher sind Bestseller Nr. 1 bei Amazon und haben zahlreiche Leser begeistert und zum Erfolg geführt.

Als Leser dieses Buches sind Sie zum kostenlosen Bezug von attraktivem Bonusmaterial des Autors in Form eines Wissenspaketes für Immobilieninvestoren berechtigt.

IMMOBILIEN IN SPANIEN
Erwerben, Selbstnutzen & Vermieten

ISBN:

9783947201457

(Taschenbuch)

ISBN:

9783947201228

(Gebundene Ausgabe)

Auf Amazon.de:

https://amzn.to/2ryjymp

Viele Menschen träumen von einer eigenen Immobilie in Spanien. Dieser Ratgeber zeigt Ihnen, worauf es beim Erwerb und bei der Finanzierung ankommt und wie Sie Fehler vermeiden.

Sie erfahren ganz konkret:

- Kriterien für die Auswahl der Immobilie
- Ermittlung des angemessenen Kaufpreises
- Rechtssicherer Erwerb in Spanien
- Eliminierung typischer Fehlerquellen
- Eigennutzung und Vermietung
- Immobilie in Spanien als Kapitalanlage
- Steuerrechtliche Fragen bei Erwerb und Vermietung
- VISA-Anforderungen für langfristige Niederlassung

Der Bestsellerautor Goldwein ist gelernter Jurist und hat in drei Staaten in drei Sprachen studiert. Er beschäftigt sich seit fast 20 Jahren professionell mit Immobilien und ist selbst Eigentümer von Immobilien in Spanien, Deutschland und Florida. Mehrere seiner Bücher sind Bestseller Nr. 1 bei Amazon und haben zahlreiche Leser begeistert und zum Erfolg geführt.

Als Leser dieses Buches sind Sie zum kostenlosen Bezug von attraktivem Bonusmaterial des Autors in Form eines Wissenspaketes für Immobilieninvestoren berechtigt.

IMMOBILIEN IN DEN USA
Erwerben, Selbstnutzen & Vermieten

ISBN:

9783947201464

(Taschenbuch)

ISBN:

9783947201242

(Gebundene Ausgabe)

Auf Amazon.de:

https://amzn.to/2OLGxCA

Viele Menschen träumen von einer eigenen Immobilie in den USA. Dieser Ratgeber zeigt Ihnen, worauf es beim Erwerb und bei der Finanzierung ankommt und wie Sie Fehler vermeiden.

Sie erfahren ganz konkret:

* Kriterien für die Auswahl der Immobilie

* Kriterien für die Auswahl des Standortes

* Ermittlung des angemessenen Kaufpreises

* Rechtssicherer Erwerb in den USA

* Eliminierung typischer Fehlerquellen

* Eigennutzung und Vermietung

* Ferienimmobilie als Kapitalanlage

* Steuerrechtliche Fragen bei Erwerb und Vermietung

* VISA-Anforderungen in den USA

Der Bestsellerautor Goldwein ist gelernter Jurist und hat in drei Staaten in drei Sprachen studiert. Er beschäftigt sich seit fast 20 Jahren professionell mit Immobilien und ist selbst Eigentümer von Immobilien in den USA, Deutschland und Spanien. Mehrere seiner Bücher sind Bestseller Nr. 1 bei Amazon und haben zahlreiche Leser begeistert und zum Erfolg geführt

Als Leser dieses Buches sind Sie zum kostenlosen Bezug von attraktivem Bonusmaterial des Autors in Form eines Wissenspaketes für Immobilieninvestoren berechtigt.

DAS IMMOBILIEN-PRAXISHANDBUCH FÜR EIGENNUTZER
Die richtige Strategie für Immobilienkauf, Immobilienfinanzierung & Neubau

ISBN:

9783947201334

(Taschenbuch)

ISBN:

9783947201341

(Gebundene Ausgabe)

Auf Amazon.de:

https://amzn.to/2HDMHnu

Kauf, Neubau und Finanzierung eines Eigenheims stellen langfristige und weitreichende Weichenstellungen dar. In diesem Ratgeber erhalten Sie umfangreiche Informationen und Checklisten für den Kauf einer gebrauchten Immobilie sowie für den Neubau in Eigenregie. Als Bonus ist ein Excel-Rechentool für Immobiliendarlehen verfügbar. Mit diesem

Ratgeber werden Sie in der Lage sein, die Anschaffung und Finanzierung gut zu organisieren und teure Fehlgriffe zu vermeiden.

Aus dem Inhalt:

- Kauf einer gebrauchten Immobilie
- Kauf einer Neubauimmobilie vom Bauträger
- Kauf eines Grundstückes & Bau in Eigenregie
- Besonderheiten beim Kauf einer Eigentumswohnung
- Kauf in der Zwangsversteigerung
- Strategien für eine intelligente Finanzierung mit Darlehen & Eigenkapital
- Staatliche Förderung des Eigenheimerwerbs (z.B. Wohn-Riester)
- Berechnungstool für Darlehensfinanzierungen

Der Bestsellerautor Goldwein beschäftigt sich als Investor, Banker und Jurist mit einer Spezialisierung im Immobilienrecht seit fast 20 Jahren professionell mit Wohnimmobilien. Mehrere seiner Bücher sind Bestseller Nr. 1 bei Amazon und haben zahlreiche Leser begeistert und zum Erfolg geführt.

LEITFADEN FÜR INVESTMENTSTRATEGIE, STEUERSTRATEGIE & STEUEROPTIMIERTE RECHTSFORMWAHL

Das Erfolgsgeheimnis für den Aufstieg aus der Mittelschicht zum Millionär

ISBN:

9783947201372

(Taschenbuch)

ISBN:

9783947201389

(Gebundene Ausgabe)

Auf Amazon.de:

https://amzn.to/2t58tHv

Viele Menschen aus der Mittelschicht schaffen den Aufstieg zum Millionär nur deshalb nicht, weil ihnen die entscheidenden Informationen fehlen, um ihre Steuerbelastung zu verringern und durch intelligente Investitionen ein Vermögen aufzubauen. Das gilt insbesondere für hochqualifizierte Arbeitnehmer und kleinere mittelständische Unternehmer.

Für die Erlangung von finanzieller Freiheit und wirtschaftlicher Unabhängigkeit ist der Aufbau eines größeren Vermögens unverzichtbar. Dazu sind drei entscheidende Baustellen in den Blick zu nehmen:

1. Erhöhung der Einnahmen
2. Intelligente Investition von Kapital zur Generierung passiver Einkünfte
3. Begrenzung der Steuerbelastung

Dieser Ratgeber vermittelt das entscheidende Wissen für eine ausgefeilte Investment- und Steuerstrategie, die für jedermann umsetzbar ist und den Weg zur finanziellen Freiheit und Unabhängigkeit ebnet.

EXISTENZGRÜNDUNG LEICHT GEMACHT: IN 7 SCHRITTEN ERFOLGREICH DURCHSTARTEN IN DIE SELBSTÄNDIGKEIT:
Geschäftsmodell, Charakterliche Eignung, Recht & Steuern

ISBN:

9783947201419

(Taschenbuch)

ISBN:

9783947201426

(Gebundene Ausgabe)

Auf Amazon.de:

https://amzn.to/2OaEsji

Viele Menschen träumen von einer Karriere als erfolgreicher Unternehmer. Doch nur wenige erreichen dieses Ziel. Für unternehmerischen Erfolg sind grundlegende charakterliche Prägungen und Veranlagungen erforderlich. Mindestens genauso wichtig sind ein planmäßiges Vorgehen und eine gute Wissensgrundlage.

Dieser Ratgeber vermittelt die erforderlichen Grundlagen für eine erfolgreiche Existenzgründung und hilft bei der Entwicklung eines tragfähigen Geschäftsmodells. Außerdem verrät der

Autor die besten 3 Geschäftsmodelle aus seiner
Beratungspraxis für Existenzgründer.

Der Bestsellerautor und self-made Millionär Alexander
Goldwein ist gelernter Jurist und erfolgreicher Unternehmer
und Investor. Mit seinen Ratgeberbüchern hat er zahlreiche
Leser begeistert und zu wirtschaftlichem Erfolg geführt.

RECHTSFORMWAHL FÜR SELBSTÄNDIGE & EXISTENZGRÜNDER:
Mit Optimaler Rechtsform Haftung begrenzen, Steuerbelastung senken und Gewinn steigern

ISBN:

9783947201396

(Taschenbuch)

ISBN:

9783947201402

(Gebundene Ausgabe)

Auf Amazon.de:

https://amzn.to/2HtTQXi

Viele Selbständige und Existenzgründer unterschätzen radikal
die Bedeutung der Rechtsformwahl für die Optimierung der
Steuerbelastung und Altersvorsorge. Oft erkennen sie erst
Jahre später, dass die GmbH als Rechtsform viele Steuern
gespart hätte.

In diesem Leitfaden werden die möglichen Rechtsformen
vorgestellt und die Auswirkungen der Rechtsformwahl auf
Haftungsbegrenzung, Steuerbelastung und Altersvorsorge

beleuchtet. Darüber hinaus werden die Aspekte eines Rechts-
formwechsels bei einem bereits bestehenden Unternehmen
besprochen.

Der als Bonus zu diesem Buch verfügbare Steuerbelastungsvergleichsrechner auf MS-Excel-Basis ermöglicht exakte
Vergleichsrechnungen der Gesamtsteuerbelastung für unterschiedliche Rechtsformen.

Aus dem Inhalt:

* Grundlagen der Rechtsformwahl für die selbständige
  Tätigkeit

* Steuerbelastungsvergleiche zur Herleitung der Vorteil-
  haftigkeit der GmbH

* Steuerbelastungsvergleichsrechner auf MS-Excel-Basis

* Rechtsformwechsel eines bereits bestehenden Unternehmens

* Pensionszusage der inhabergeführten GmbH als intelligente Kombination einer Altersvorsorge mit einem
  Steuersparmodell

Der Bestsellerautor Goldwein ist gelernter Jurist und hat in
drei Staaten in drei Sprachen studiert. Er hat viele Jahre
Erfahrung als kaufmännischer Projektleiter in der Immobilienbranche sowie als Unternehmensjurist und Banker. Der
Autor Goldwein ist spezialisiert auf Immobilienrecht und
Steuerrecht. Darüber hinaus ist er selbst erfolgreicher Investor
in Wohnimmobilien. Er beschäftigt sich seit fast 20 Jahren
professionell mit Immobilien und ist selbst Eigentümer von
Immobilien in Deutschland, Spanien und Florida. Mehrere
seiner Bücher sind Bestseller Nr. 1 bei Amazon und haben
zahlreiche Leser begeistert und zum Erfolg geführt. Weitere
Informationen finden Sie auf der Internetseite des Autors:
https://alexander-goldwein.de

www.ingramcontent.com/pod-product-compliance
Lightning Source LLC
Chambersburg PA
CBHW071732120626
46550CB00002B/497